스페인·중남미 여행 준비 D-100 프로젝트

여행스페인어 100일의 기적

여행스페인어 100일의 기적

지은이 곽은미
펴낸이 임상진
펴낸곳 (주)넥서스

초판 1쇄 인쇄 2026년 1월 5일
초판 1쇄 발행 2026년 1월 10일

출판신고 1992년 4월 3일 제311-2002-2호
주소 10880 경기도 파주시 지목로 5
전화 (02)330-5500 팩스 (02)330-5555

ISBN 979-11-24028-33-9 13770

www.nexusbook.com

스페인•중남미 여행 준비 D-100 프로젝트

여행스페인어 100일의 기적

곽은미 지음

넥서스

머리말

스페인과 라틴 아메리카는 많은 여행자에게 오래도록 '한 번쯤 꼭 가 보고 싶은 곳'으로 남아 있습니다. 다양한 문화와 예술, 따뜻한 사람들, 음악과 음식의 매력은 물론이고, 스페인어라는 언어가 주는 낯섦과 리듬감 역시 여행자들을 설레게 합니다. 저 또한 수업에서 학생들이 스페인어권 여행을 계획하며 눈을 반짝이는 모습을 자주 보아 왔습니다.

요즘은 AI의 도움으로 누구나 쉽게 언어 장벽을 넘을 수 있습니다. 하지만 실제 여행에서는 여전히 당장 한 마디가 필요한 당혹스러운 순간이 찾아옵니다. 기내에서 승무원에게 부탁을 건네야 할 때, 입국심사에서 간단히 답해야 할 때, 숙소 · 식당 · 카페에서 말을 꺼내야 하는 바로 그 순간, 준비된 표현 한 줄이 주는 안정감은 생각보다 큽니다.

이 책은 그런 여행자들을 위해, 복잡한 문법이 아닌 상황별로 바로 쓸 수 있는 짧고 실용적인 표현을 중심으로 구성되었습니다. 여행의 시작부터 끝까지 마주할 법한 100개의 상황을 선정해, 그 안에서 사용 빈도가 높을 문장들을 선별해 담았으며, 스페인뿐 아니라 다양한 스페인어권 국가에서 활용할 수 있도록 말투와 문화적 차이가 필요한 경우에는 간단한 안내도 더했습니다. 아울러 한국과 다른 문화적 요소나 여행자가 특히 궁금해할 만한 정보들은 'Tip'으로 정리해 표현 학습과 여행 준비가 자연스럽게 이어지도록 했습니다. AI 도구는 여행의 든든한 지원군이지만, 여행자가 스스로 말해 보는 한 마디가 만들어 내는 자신감과 주도성은 그 어떤 기술도 대신할 수 없습니다. 이 책이 여러분의 여행을 더욱 풍성하고, 편안하며, 자신 있게 만들어 주는 데 도움이 되기를 바랍니다.

집필 과정에서 자신의 여행 경험을 아낌없이 나누어 준 지인들, 바쁜 와중에도 원고를 살펴보고 조언을 건넨 동료분들께 깊이 감사드립니다. 또한 넥서스 출판사와 두 번째 책을 함께할 수 있어 영광이었으며, 김소영 편집자님의 세심한 도움과 서울대학교 Silvia 선생님의 따뜻한 조언에도 감사의 마음을 전합니다. 언제나 마음으로 응원해 주는 사랑하는 가족, 친구들, 그리고 지금 이 책을 손에 들고 새로운 여행을 준비하는 여러분께도 진심으로 감사드립니다.

완벽한 문장을 말하지 않아도 괜찮습니다. 어색한 발음도, 서툰 문법도 결국은 여행의 일부가 되어 나중에는 웃으며 떠올릴 추억이 될 것입니다. 이 책이 여러분이 용기를 내어 스페인어로 첫 문장을 꺼내는 데, 그리고 그 한 마디가 새로운 인연과 경험을 열어 주는 데 작은 힘이 되기를 바랍니다.

저자 곽은미

여행스페인어 공부법

여행스페인어 필수 표현

여행을 떠나기 전 알아 두면 유용한 스페인어 기본 대화 표현과 숫자를 읽는 방법을 별도로 정리해 두었습니다. 간단하면서도 여러 상황에 두루 쓸 수 있는 만능 표현들이니 미리 익혀 두세요.

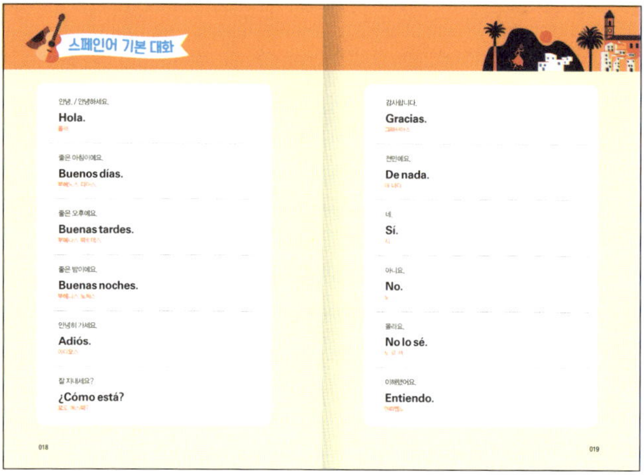

스페인어 기본 대화

안녕. / 안녕하세요.
Hola.

좋은 아침이에요.
Buenos días.

좋은 오후예요.
Buenas tardes.

좋은 밤이에요.
Buenas noches.

안녕히 가세요.
Adiós.

잘 지내세요?
¿Cómo está?

018

감사합니다.
Gracias.

천만에요.
De nada.

네.
Sí.

아니요.
No.

몰라요.
No lo sé.

이해했어요.
Entiendo.

019

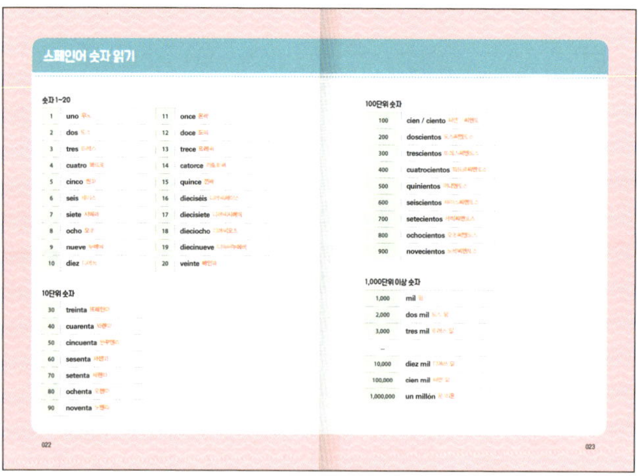

스페인어 숫자 읽기

숫자 1~20

1	uno	11	once
2	dos	12	doce
3	tres	13	trece
4	cuatro	14	catorce
5	cinco	15	quince
6	seis	16	dieciséis
7	siete	17	diecisiete
8	ocho	18	dieciocho
9	nueve	19	diecinueve
10	diez	20	veinte

10단위 숫자

30	treinta
40	cuarenta
50	cincuenta
60	sesenta
70	setenta
80	ochenta
90	noventa

022

100단위 숫자

100	cien / ciento
200	doscientos
300	trescientos
400	cuatrocientos
500	quinientos
600	seiscientos
700	setecientos
800	ochocientos
900	novecientos

1,000단위 이상 숫자

1,000	mil
2,000	dos mil
3,000	tres mil
...	
10,000	diez mil
100,000	cien mil
1,000,000	un millón

023

100가지 상황별 표현

여행을 준비하면서 또는 여행지에서 만날 수 있는 100가지 상황별 표현들을 익힙니다. 여행지의 상황을 머릿속으로 그려 보면서 하고 싶은 말들을 체크해 보세요.
또한 스페인어를 공부할 때 원어민 발음 체크는 필수! 원어민 MP3 파일도 함께 들어 보세요.

여행지에서 원어민과 말하게 되는 상황의 대화문입니다.
나라면 어떻게 대답할지 미리 연습해 보세요.

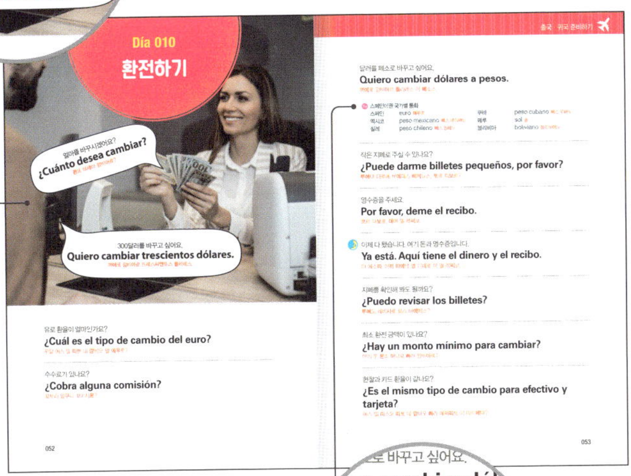

문화적 요소 및 유용한 정보나
함께 쓸 수 있는 다양한 단어를
Tip으로 수록했습니다.

여행스페인어 필수 단어

각 Parte의 앞부분에는 먼저 여행지에서 꼭 필요한 단어들을 한 데 모아 정리해 두었습니다.
급할 때는 문장이 아닌 단어만 말해도 뜻이 통할 때가 있죠. 여기 필수 단어만큼은 꼭 외워 주세요.

여행스페인어 필수 단어

reserva 예약	pasaporte 여권
confirmar 확인하다	equipaje 수하물
lista de espera 대기자 명단	límite de peso 중량 제한
billete de avión / boleto de avión 항공권	tarjeta de embarque 탑승권
aerolínea 항공사	puerta de embarque 비행기 탑승구
salida 출발	visado 비자
llegada 도착	control de seguridad 보안 검사
retraso 비행기 지연	destino 목적지
recogida de equipaje 수하물 찾는 곳	asiento 좌석
aduana 세관	declarar 신고하다

026 027

여행 도우미 꿀팁

여행에 도움을 주는 유용한 정보와 표현들을 확인해 보고 스페인과 중남미의 문화도 느껴 보세요.

기내 안내 방송

Señores pasajeros, les damos la bienvenida a bordo del vuelo IB6342 con destino a Barcelona.

Les pedimos que se aseguren de que sus cinturones de seguridad estén abrochados, los respaldos de sus asientos en posición vertical y las mesas plegadas.

Por razones de seguridad, mantengan sus dispositivos electrónicos en modo avión.

Durante el vuelo, ofreceremos servicio de bebidas y comida.

038

여행지에서 많이 사는 물건

aceite de oliva 올리브유	vino 와인
café 커피	abanico 부채
joyas artesanales 수공예 보석	muñeca tradicional 전통 인형

152

- 공항에서 볼 수 있는 표현
- 기내 안내 방송
- 입국 신고서 작성하기
- 세관 신고서 작성하기
- 객실 안에 있는 물품들
- 카미노 데 산티아고와 알베르게
- 여행지에서 많이 사는 물건
- 스페인 대표 여행지
- 중남미 대표 여행지
- 메누 델 디아 메뉴판 읽기
- 스페인 대표 음식
- 중남미 대표 음식

MP3 듣는 방법

넥서스 홈페이지 이용

PC로 www.nexusbook.com에 접속하면
MP3 음원을 바로 듣거나 압축된 파일을 한 번에 다운받을 수 있습니다.

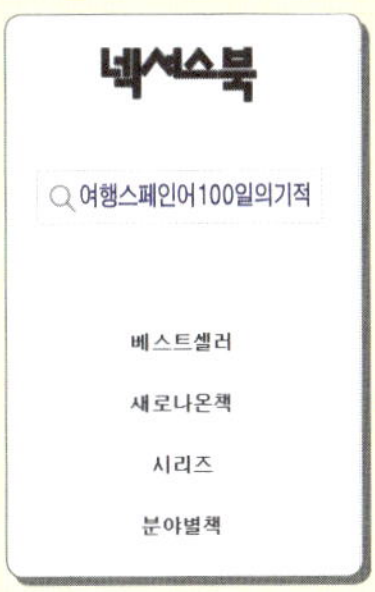

❶ **'넥서스 홈페이지'** 접속
www.nexusbook.com

❷ 도서명 검색 후 **MP3/부가자료** 영역에서
파일 다운로드 클릭

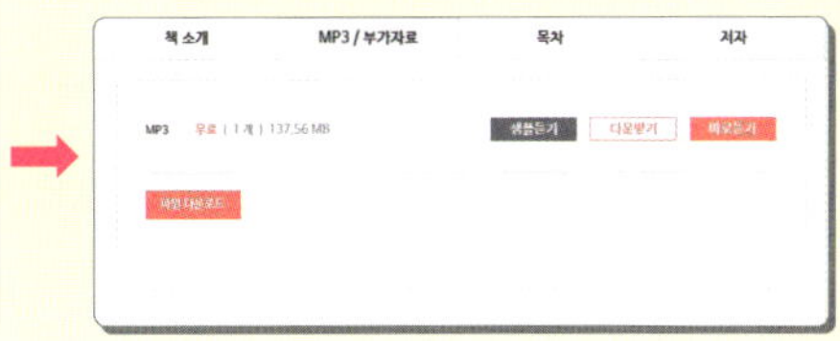

QR코드 이용

스마트폰에서 QR코드 리더기로 아래 QR코드를 인식하면
MP3 음원을 바로 들을 수 있습니다.

여행스페인어 D-100 체크 리스트

	여행스페인어 필수 표현	페이지	공부한 날
	스페인어 기본 대화	018	월 일
	스페인어 숫자 읽기	022	월 일
Parte 1	**출국 · 귀국 준비하기**	**페이지**	**공부한 날**
	여행스페인어 필수 단어	026	월 일
Día 001	항공권 구매	028	월 일
Día 002	일정 확인	030	월 일
	공항에서 볼 수 있는 표현	032	월 일
Día 003	공항 탑승 수속	034	월 일
Día 004	공항에서	036	월 일
	기내 안내 방송	038	월 일
Día 005	비행기에서	040	월 일
Día 006	기내 서비스 요청	042	월 일
Día 007	승무원에게 문의하기	044	월 일
Día 008	비행기 환승	046	월 일
	입국 신고서 작성하기	048	월 일
Día 009	입국 심사	050	월 일
Día 010	환전하기	052	월 일
Día 011	면세품 사기	054	월 일
	세관 신고서 작성하기	056	월 일
Día 012	세관 검사 · 신고	058	월 일
Día 013	수하물 찾기	060	월 일
Día 014	문제 상황 발생	062	월 일

HOTEL

CANDY SHOP
BAKERY
MARKET

이것만은 외워 놓고 출발하자!

여행스페인어 필수 표현

스페인어 기본 대화

안녕. / 안녕하세요.

Hola.

올라.

좋은 아침이에요.

Buenos días.

부에노스 디아스.

좋은 오후예요.

Buenas tardes.

부에나스 따르데스.

좋은 밤이에요.

Buenas noches.

부에나스 노체스.

안녕히 가세요.

Adiós.

아디오스.

잘 지내세요?

¿Cómo está?

꼬모 에스따?

감사합니다.

Gracias.

그라씨아스.

천만에요.

De nada.

데 **나**다.

네.

Sí.

시.

아니요.

No.

노.

몰라요.

No lo sé.

노 로 세.

이해했어요.

Entiendo.

엔**띠엔**도.

스페인어 기본 대화

모르겠어요.

No entiendo.

노 엔**띠엔**도.

좋아요!

¡Qué bien!

께 비엔!

괜찮아요.

Está bien.

에스**따** 비엔.

부탁드려요.

Por favor.

뽀르 파**보**르.

정말 멋져요!

¡Qué bonito!

께 보**니**또!

실례합니다.

¡Perdone!

뻬르**도**네!

미안합니다. / 유감이군요.

Lo siento.

로 **시엔**또.

피곤해요.

Estoy cansado(-a).

에스**또이** 깐**사**도(다).

Tip 스페인어는 명사의 성수에 따라 형용사를 일치시켜 줘야 합니다. 형용사 형태는 남성일 경우 주로 '-o'로, 여성일 경우 '-a'로 끝나고, 남성복수형은 '-os', 여성복수형은 '-as'가 됩니다.

어디 출신이에요?

¿De dónde eres?

데 **돈**데 **에**레스?

사진 찍어 주실 수 있나요?

¿Puede tomarme una foto?

뿌에데 또**마**르메 **우**나 **포**또?

화장실이 어디예요?

¿Dónde está el baño?

돈데 에스**따** 엘 **바**뇨?

스페인어 숫자 읽기

숫자 1~20

1	uno 우노	11	once 온쎄
2	dos 도스	12	doce 도쎄
3	tres 뜨레스	13	trece 뜨레쎄
4	cuatro 꽈뜨로	14	catorce 까또르쎄
5	cinco 씬꼬	15	quince 낀쎄
6	seis 세이스	16	dieciséis 디에씨세이스
7	siete 시에떼	17	diecisiete 디에씨시에떼
8	ocho 오초	18	dieciocho 디에씨오초
9	nueve 누에베	19	diecinueve 디에씨누에베
10	diez 디에쓰	20	veinte 베인떼

10단위 숫자

30	treinta 뜨레인따
40	cuarenta 꽈렌따
50	cincuenta 씬꾸엔따
60	sesenta 세센따
70	setenta 세뗀따
80	ochenta 오첸따
90	noventa 노벤따

100단위 숫자

100	**cien / ciento** 씨엔 / **씨엔**또
200	**doscientos** 도스**씨엔**또스
300	**trescientos** 뜨레스**씨엔**또스
400	**cuatrocientos** 꽈뜨로**씨엔**또스
500	**quinientos** 끼**니엔**또스
600	**seiscientos** 세이스**씨엔**또스
700	**setecientos** 세떼**씨엔**또스
800	**ochocientos** 오초**씨엔**또스
900	**novecientos** 노베**씨엔**또스

1,000단위 이상 숫자

1,000	**mil** 밀
2,000	**dos mil** 도스 밀
3,000	**tres mil** 뜨레스 밀
...	
10,000	**diez mil** 디에쓰 밀
100,000	**cien mil** 씨엔 밀
1,000,000	**un millón** 운 미**욘**

Parte 1

출국 · 귀국 준비하기

여행스페인어 필수 단어

reserva 레**세**르바 예약	**pasaporte** 빠사**뽀**르떼 여권
confirmar 꼰피르**마**르 확인하다	**equipaje** 에끼**빠**헤 수하물
lista de espera **리**스따 데 에스**뻬**라 대기자 명단	**límite de peso** **리**미떼 데 **뻬**소 중량 제한
billete de avión / boleto de avión 비**예**떼 데 아비**온** / 볼**레**또 데 아비**온** 항공권	**tarjeta de embarque** 따르**헤**따 데 엠**바**르께 탑승권
aerolínea 아에로**리**네아 항공사	**puerta de embarque** **뿌**에르따 데 엠**바**르께 비행기 탑승구

salida
살**리**다
출발

visado
비**사**도
비자

llegada
예**가**다
도착

control de seguridad
꼰뜨**롤** 데 세구리**닷**
보안 검사

retraso
레뜨**라**소
비행기 지연

destino
데스**띠**노
목적지

recogida de equipaje
레꼬**히**다 데 에끼**빠**헤
수하물 찾는 곳

asiento
아**시엔**또
좌석

aduana
아두**아**나
세관

declarar
데끌라**라**르
신고하다

Día 001
항공권 구매

마드리드행 항공권을 사고 싶어요.

Quiero comprar un boleto de avión a Madrid.

끼에로 꼼쁘라르 운 볼레또 데 아비온 아 마드릿.

왕복 항공권은 얼마인가요?

¿Cuánto cuesta el pasaje de ida y vuelta?

꽌또 꾸에스따 엘 빠사헤 데 이다 이 부엘따?

7월 15일에 가능한 항공편이 있나요?

¿Hay vuelos disponibles para el 15 de julio?

아이 **부엘**로스 디스뽀**니**블레스 **빠**라 엘 **낀**세 데 **훌**리오?

직항편을 선호해요, 경유 없는 걸로요.

Prefiero un vuelo directo, sin escalas.

쁘레**피에**로 운 **부엘**로 디**렉**또, 신 에스**깔**라스.

지금 좌석을 선택할 수 있나요?

¿Puedo elegir mi asiento ahora?

뿌에도 엘레**히**르 미 아**시엔**또 아**오**라?

위탁 수하물 요금도 포함되어 있나요?

¿Está incluido el equipaje facturado en el precio?

에스**따** 인끌루**이**도 엘 에끼**빠**헤 팍뚜**라**도 엔 엘 **쁘레**씨오?

변경이나 취소 조건은 어떻게 되나요?

¿Cuáles son las condiciones de cambio o cancelación?

꾸알레스 손 라스 꼰디씨**오**네스 데 **깜**비오 오 깐쎌라씨**온**?

날짜 변경은 50유로의 수수료가 있습니다.

Puede cambiar la fecha con una penalización de 50 euros.

뿌에데 깜비**아**르 라 **페**차 꼰 **우**나 뻬날리싸씨**온** 데 씬**꾸엔**따 **에우**로스.

이메일로 예약 확인서를 보내 주실 수 있나요?

¿Me puede enviar la confirmación por correo electrónico?

메 **뿌에**데 엔비**아**르 라 꼰피르마씨**온** 뽀르 꼬**레**오 엘렉뜨**로**니꼬?

Día 002
일정 확인

출국 날짜가 언제인가요?

¿Cuándo es su fecha de salida?

콴도 에스 수 **페**차 데 살**리**다?

8월 27일입니다.

Es el veintisiete de agosto.

에스 엘 베인띠**시에**떼 데 아**고**스또.

제 비행기는 몇 시에 출발하죠?

¿A qué hora sale mi vuelo?

아 께 **오**라 **살**레 미 **부엘**로?

제 비행기가 제시간에 출발하나요? 아니면 지연되었나요?

¿Mi vuelo está a tiempo o tiene retraso?

미 **부엘**로 에스**따** 아 **띠엠**뽀 오 **띠에**네 레뜨**라**소?

이 비행편은 몇 번 경유하나요?

¿Cuántas escalas tiene este vuelo?

관따스 에스깔라스 띠에네 에스떼 부엘로?

비행 시간은 얼마나 되나요?

¿Cuánto dura el vuelo?

관또 두라 엘 부엘로?

전체 일정을 확인할 수 있을까요?

¿Puedo ver mi itinerario completo?

뿌에도 베르 미 이띠네라리오 꼼쁠레또?

제 예약은 확정되었나요?

¿Está confirmada mi reserva?

에스따 꼰피르마다 미 레세르바?

날짜 변경 정책은 어떻게 되나요?

¿Cuál es la política de cambios de fecha?

꾸알 에스 라 뽈리띠까 데 깜비오스 데 페차?

출발 48시간 전까지 날짜 변경이 가능합니다.

Puede cambiar la fecha con 48 horas de anticipación.

뿌에데 깜비아르 라 페차 꼰 꽈렌따 이 오초 오라스 데 안띠씨빠씨온.

돌아오는 날짜는 언제인가요?

¿Cuál es la fecha de regreso?

꾸알 에스 라 페차 데 레그레소?

공항에서 볼 수 있는 표현

aeropuerto
아에로**뿌에**르또
공항

salidas internacionales
살**리**다스 인떼르나씨오**날**레스
국제선 출발

mostrador de facturación
모스뜨라**도**르 데 팍뚜라씨**온**
수속 카운터

salidas nacionales
살**리**다스 나씨오**날**레스
국내선 출발

equipaje facturado
에끼**빠**헤 팍뚜**라**도
위탁 수하물

puerta de emergencia
뿌에르따 데 에메르**헨**씨아
비상구

equipaje de mano
에끼**빠**헤 데 **마**노
기내 수하물

cinturón de seguridad
씬뚜**론** 데 세구리**닷**
안전벨트

zona de embarque
쏘나 데 엠**바**르께
탑승 구역

última llamada
울띠마 야**마**다
마지막 탑승 안내

sala de espera
살라 데 에스뻬라
공항 라운지/대기실

carrito de equipaje
까리또 데 에끼빠헤
수하물 카트/트롤리

área de fumadores
아레아 데 푸마도레스
흡연 구역

control de pasaportes
꼰뜨롤 데 빠사뽀르떼스
여권 검사대

detector de metales
데떽또르 데 메딸레스
금속 탐지기

bandeja
반데하
트레이, 쟁반

registro corporal
레히스뜨로 꼬르뽀랄
신체검사

explosivos
엑스쁠로시보스
폭발물

sustancias prohibidas
수스딴씨아스 쁘로이비다스
금지 물질

líquidos
리끼도스
액체류

Día 003
공항 탑승 수속

대한항공 체크인 카운터가 어디인가요?

¿Dónde está el mostrador de facturación de la aerolínea de Corea?

돈데 에스따 엘 모스뜨라도르 데 팍뚜라씨온 데 라 아에로리네아 데 꼬레아?

이쪽으로 쭉 가세요.

Siga todo recto por este lado.

시가 또도 렉또 뽀르 에스떼 라도.

C구역에 있습니다.

Está en la zona C.

에스**따** 엔 라 **쏘**나 쎄.

인터넷으로 항공권을 예약했어요.

Reservé mi billete por Internet.

레스르**베** 미 비**예**떼 뽀르 인떼르**넷**.

창가 쪽과 통로 쪽 좌석 중에 어떤 것을 드릴까요?

¿Quieres un asiento junto a la ventana o un asiento en el pasillo?

끼에레스 운 아**시엔**또 **훈**또 아 라 벤**따**나 오 운 아**시엔**또 엔 엘 빠**시**요?

통로 쪽 좌석으로 주세요.

Asiento en el pasillo, por favor.

아**시엔**또 엔 엘 빠**시**요, 뽀르 파보르.

일행과 함께 앉고 싶어요.

Me gustaría sentarme con mi acompañante.

메 구스따**리**아 센**따**르메 꼰 미 아꼼빠**냔**떼.

짐을 부치실 건가요?

¿Va a facturar alguna maleta?

바 아 팍뚜**라**르 알**구**나 말**레**따?

초과 수하물 요금은 얼마인가요?

¿Cuánto tengo que pagar por el exceso de equipaje?

꽌또 **뗑**고 께 빠**가**르 뽀르 엘 엑**쎄**소 데 에끼**빠**헤?

Día 004
공항에서

기내 수하물에 액체가 있으신가요?

¿Lleva líquidos en su equipaje de mano?

예바 리끼도스 엔 수 에끼빠헤 데 마노?

네, 투명한 봉지에 넣어 뒀습니다.

Sí, están en una bolsa transparente.

시, 에스딴 엔 우나 볼사 뜨란스빠렌떼.

노트북을 꺼내 주세요.

Por favor, saque su ordenador portátil.

뽀르 파**보**르, **사**께 수 오르데나**도**르 뽀르**따**띨.

물론이죠, 여기 있습니다.

Claro, aquí está.

끌라로, 아**끼** 에스**따**.

탑승은 몇 시에 시작되나요?

¿A qué hora empieza el embarque?

아 께 **오**라 엠**삐에**싸 엘 엠**바**르께?

탑승 대기실은 어디인가요?

¿Dónde está la sala de embarque?

돈데 에스**따** 라 **살**라 데 엠**바**르께?

제 항공편이 취소됐어요.

Mi vuelo ha sido cancelado.

미 **부엘**로 아 **시**도 깐쎌**라**도.

항공편을 바꿔 주실 수 있나요?

¿Me pueden cambiar el vuelo?

메 **뿌에**덴 깜비**아**르 엘 **부엘**로?

탑승권을 잃어버렸어요.

Perdí mi tarjeta de embarque.

뻬르**디** 미 따르**헤**따 데 엠**바**르께.

기내 안내 방송

이것도 알아 두자!

승객 여러분, 바르셀로나행 IB6342편에 탑승해 주셔서 감사합니다.

Señores pasajeros, les damos la bienvenida a bordo del vuelo IB6342 con destino a Barcelona.

세**뇨**레스 빠사**헤**로스, 레스 **다**모스 라 비엔베**니**다 아 **보**르도 델 **부엘**로 이 베 세이스 뜨레스 **꽈**뜨로 도스 꼰 데스**띠**노 아 바르셀**로**나.

좌석 벨트를 매시고, 좌석 등받이는 세워 주시며, 테이블은 접어 주시기 바랍니다.

Les pedimos que se aseguren de que sus cinturones de seguridad estén abrochados, los respaldos de sus asientos en posición vertical y las mesas plegadas.

레스 뻬**디**모스 께 세 아세**구**렌 데 께 수스 씬뚜**로**네스 데 세구리**닷** 에스**뗀** 아브로**차**도스, 로스 레스**빨**도스 데 수스 아**시엔**또스 엔 뽀시씨**온** 베르띠**깔** 이 라스 **메**사스 쁠레**가**다스.

안전을 위해 모든 전자기기는 비행기 모드로 설정해 주십시오.

Por razones de seguridad, mantengan sus dispositivos electrónicos en modo avión.

뽀르 라**쏘**네스 데 세구리**닷**, 만**뗑**간 수스 디스뽀시**띠**보스 엘렉뜨**로**니꼬스 엔 **모**도 아비**온**.

비행 중에는 음료 및 기내식 서비스가 제공됩니다.

Durante el vuelo, ofreceremos servicio de bebidas y comida.

두**란**떼 엘 **부엘**로, 오프레**쎄**모스 세르**비**씨오 데 베**비**다스 이 꼬**미**다.

면세품 카탈로그는 좌석 앞 주머니에서 확인하실 수 있습니다.

También puede consultar nuestro catálogo de compras libres de impuestos en el bolsillo del asiento.

땀비**엔** **뿌에**데 꼰술**따**르 **누에**스뜨로 까**딸**로고 데 **꼼**쁘라스 **리**브레스 데 임**뿌에**스또스 엔 엘 볼**시**요 델 아**시엔**또.

구매를 원하시는 경우, 승무원에게 말씀해 주십시오.

Si desea realizar alguna compra, por favor infórmeselo a la tripulación.

시 데**세**아 레알리**싸**르 알구나 **꼼**쁘라, 뽀르 파**보**르 인**포**르메셀로 아 라 뜨리뿔라씨**온**.

바르셀로나 도착 예정 시각은 현지 시각으로 11시 20분입니다.

La hora estimada de llegada a Barcelona es a las 11:20, hora local.

라 **오**라 에스띠**마**다 데 예**가**다 아 바르쎌**로**나 에스 아 라스 **온**쎄 이 **베인**떼, **오**라 로**깔**.

곧 착륙을 위해 하강을 시작합니다.

En breves momentos comenzaremos el descenso.

엔 **브레**베스 모**멘**또스 꼬멘싸**레**모스 엘 데**쎈**소.

좌석 벨트를 매 주시고, 소지품은 잘 정리해 주십시오.

Les rogamos que se aseguren de que sus cinturones estén abrochados y sus pertenencias guardadas.

레스 로**가**모스 께 세 아세**구**렌 데 께 수스 씬뚜**로**네스 에스**뗀** 아브로**차**도스 이 수스 뻬르떼**넨**씨아스 과르**다**다스.

바르셀로나에 오신 것을 환영합니다. 비행기가 완전히 멈출 때까지 좌석에 앉아 벨트를 매고 계십시오.

Bienvenidos a Barcelona. Por favor, permanezcan sentados con el cinturón abrochado hasta que el avión se detenga completamente.

비엔베**니**도스 아 바르쎌**로**나. 뽀르 파**보**르, 뻬르마**네**스깐 센**따**도스 꼰 엘 씬뚜**론** 아브로**차**도 **아**스따 께 엘 아비**온** 세 데**뗑**가 꼼쁠레따**멘**떼.

Día 005
비행기에서

좌석 번호가 어떻게 되십니까?

¿Cuál es tu asiento?

꾸알 에스 뚜 아**시엔**또?

탑승권을 보여 주시겠습니까?

¿Me muestra su tarjeta de embarque, por favor?

메 **무에**스뜨라 수 따르**헤**따 데 엠**바**르께, 뽀르 파**보**르?

짐을 올려 주실 수 있을까요?

¿Podría ayudarme a subir mi equipaje, por favor?

뽀드리아 아유다르메 아 수비르 미 에끼빠헤, 뽀르 파보르?

스페인 첫 방문이세요?

¿Es su primer viaje a España?

에스 수 쁘리메르 비아헤 아 에스빠냐?

네, 정말 기대돼요.

Sí, estoy muy emocionado(-a).

시, 에스또이 무이 에모씨오나도(다).

지금 화장실 사용해도 될까요?

¿Puedo usar el baño ahora?

뿌에도 우사르 엘 바뇨 아오라?

잠시만 기다려 주세요.

Espere un momento, por favor.

에스뻬레 운 모멘또, 뽀르 파보르.

네, 이제 사용하셔도 됩니다.

Sí, ya se puede usar.

시, 야 세 뿌에데 우사르.

실례합니다, 여기가 제 자리인 것 같아요.

Perdón, creo que este es mi asiento.

뻬르돈, 끄레오 께 에스떼 에스 미 아시엔또.

Día 006
기내 서비스 요청

음료 드시겠습니까?

¿Desea algo de beber?

데세아 알고 데 베베르?

오렌지 주스 한 잔 주세요.

Zumo de naranja, por favor.

쑤모 데 나랑하, 뽀르 파보르.

물 한 잔 부탁드려도 될까요?

¿Puedo pedir un vaso de agua, por favor?

뿌에도 뻬디르 운 바소 데 아구아, 뽀르 파보르?

채식 메뉴 있나요?

¿Hay opciones vegetarianas?

아이 옵씨오네스 베헤따리아나스?

컵라면 같은 게 있나요?

¿Tienen sopa instantánea o algo parecido a ramen?

띠에넨 소빠 인스딴따네아 오 알고 빠레씨도 아 라멘?

담요 좀 주실 수 있나요?

¿Me puede dar una manta?

메 뿌에데 다르 우나 만따?

이어폰 있나요?

¿Tienen auriculares?

띠에넨 아우리꿀라레스?

속이 안 좋아요. 멀미약 있나요?

No me siento bien. ¿Tienen medicina para el mareo?

노 메 시엔또 비엔. 띠에넨 메디씨나 빠라 엘 마레오?

죄송한데, 맥주 하나랑 견과류 좀 더 주실 수 있나요?

Disculpe, ¿podría darme otra cerveza y algo de frutos secos?

디스꿀뻬, 뽀드리아 다르메 오뜨라 쎄르베싸 이 알고 데 프루또스 세꼬스?

Día 007

승무원에게 문의하기

도착까지 얼마나 남았나요?

¿Cuánto falta para llegar?

콴또 팔따 빠라 예가르?

약 두 시간 남았습니다.

Faltan aproximadamente dos horas.

팔딴 아쁘록시마다멘떼 도스 오라스.

다리를 더 뻗을 수 있는 자리가 있을까요?

¿Hay algún asiento disponible con más espacio para las piernas?

아이 알군 아시엔또 디스뽀니블레 꼰 마스 에스빠씨오 빠라 라스 삐에르나스?

실례지만, 온도 좀 조절해 주실 수 있을까요?

Disculpe, ¿sería posible ajustar un poco la temperatura?

디스꿀뻬, 세리아 뽀시블레 아후스따르 운 뽀꼬 라 뗌뻬라뚜라?

카탈로그에 있는 이 향수를 좀 사고 싶은데요.
Quisiera comprar este perfume en el catálogo.
끼**시**에라 꼼쁘**라**르 **에**스떼 뻬르**푸**메 엔 엘 까**딸**로고.

실례합니다, 제 좌석 조명은 어떻게 끌 수 있나요?
Disculpe, ¿cómo puedo apagar la luz de mi asiento?
디스**꿀**뻬, **꼬**모 뿌**에**도 아빠**가**르 라 루쓰 데 미 아**시엔**또?

실례합니다, 좌석은 어떻게 뒤로 젖히나요?
Disculpe, ¿cómo se reclina el asiento?
디스**꿀**뻬, **꼬**모 세 레끌**리**나 엘 아**시엔**또?

팔걸이 옆에 버튼이 있습니다.
Tiene un botón al lado del reposabrazos.
띠에네 운 보**똔** 알 **라**도 델 레뽀사브**라**쏘스.

아기 기저귀를 갈아야 하는데, 어디에서 할 수 있을까요?
Necesito cambiarle el pañal al bebé. ¿Dónde puedo hacerlo?
네쎄**시**또 깜비**아**를레 엘 빠**냘** 알 베**베**. **돈**데 **뿌에**도 아**쎄**를로?

비행기 안에 의사 계신가요?
¿Hay un médico a bordo?
아이 운 **메**디꼬 아 **보**르도?

제 모니터가 작동하지 않아요. 확인해 주실 수 있을까요?
Mi pantalla no funciona. ¿Podría revisarla?
미 빤**따**야 노 푼씨**오**나. 뽀드**리**아 레비**사**를라?

Día 008
비행기 환승

마드리드행 비행기 환승은 어디서 하죠?
¿Dónde hago la conexión para el vuelo a Madrid?
돈데 아고 라 꼬넥시온 빠라 엘 부엘로 아 마드릿?

D구역으로 가 보세요.
Vaya a la zona D.
바야 아 라 쏘나 데.

항공기를 갈아타야 해요.
Tengo que tomar el vuelo de conexión.
뗑고 께 또마르 엘 부엘로 데 꼬넥시온.

항공기 번호가 어떻게 되세요?
¿Cuál es el número de su vuelo?
꾸알 에스 엘 누메로 데 수 부엘로?

환승 수속대는 어디인가요?
¿Dónde está el mostrador de transferencia?
돈데 에스따 엘 모스뜨라도르 데 뜨란스페렌시아?

몇 번 탑승구로 가야 하죠?
¿A qué número de puerta debo ir?
아 께 누메로 데 뿌에르따 데보 이르?

환승 비행기를 놓쳤어요.
Perdí mi vuelo de conexión.
뻬르디 미 부엘로 데 꼬넥시온.

다음 비행편이 있는지 알아봐 드릴게요.
Comprobaremos si tenemos el próximo vuelo.
꼼쁘로바레모스 시 떼네모스 엘 쁘록시모 부엘로.

환승 체류시간이 얼마나 되나요?
¿Cuánto dura la escala?
꽌또 두라 라 에스깔라?

입국 심사를 받아야 하나요?
¿Necesito pasar por inmigración?
네쎄시또 빠사르 뽀르 인미그라씨온?

제 수하물은 최종 목적지까지 바로 가나요?
¿Mi equipaje va directamente al destino final?
미 에끼빠헤 바 디렉따멘떼 알 데스띠노 피날?

Tip 비행편에 따라 경유지에서 잠시 체류한 후 동일한 비행편을 다시 탑승하여 가는 경우도 있고, 다른 항공편으로 갈아타야 하는 경우도 있습니다. 전자는 주로 escala로 표현하고, 후자는 conexión을 써 줍니다. 공항 안내 표지에는 환승과 관련하여 transferencia, transbordo라는 단어가 쓰일 수 있습니다.

입국 신고서 작성하기

스페인 여행을 위한 입국 시에는 별도로 입국 신고서를 작성하지 않습니다.

스페인어권 국가들의 경우 국가별로 종이 입국 신고서를 작성하기도 하고 디지털로 전환한 별도의 신고서를 요구하기도 하니 여행 전에 꼭 확인해 보아야 합니다.

입국 신고서 작성 시 대부분 공통적으로 요구하는 내용들에 맞춰 가상의 페루 입국 신고서를 아래와 같이 작성해 봅시다.

① 성
② 이름
③ 성별
(1) 남 (2) 여
④ 생년월일
⑤ 출생지
⑥ 국적
⑦ 페루 내 거주지 주소
⑧ 여권번호
⑨ 탑승도시
⑩ 항공편 번호
⑪ 날짜
⑫ 방문 목적
(1) 관광 (2) 사업 (3) 학업 (4) 회의 (5) 기타
⑬ 서명

TARJETA ANDINA DE MIGRACIÓN
ANDEAN MIGRATION CARD

USE LETRA IMPRENTA

Apellidos ①	HONG		
Nombre ②	GILDONG		
Sexo ③		**Fecha de nacimiento ④**	
☑ Hombre (1)	☐ Mujer (2)	25 | 08 | 1999	
Lugar de nacimiento ⑤	Seúl, COREA		
Nacionalidad ⑥	COREA		
Dirección en Perú ⑦			
Hilton Garden Inn Cusco, Santa Ana, Avenida Abancay 207, PERÚ			
Pasaporte nº ⑧	M12345678	**Ciudad de embarco ⑨**	INCHEON
Vuelo nº ⑩	KE5035	**Fecha ⑪**	10 | 03 | 2026
Propósito de viaje ⑫	☑ Turismo (1) ☐ Negocio (2) ☐ Estudios (3) ☐ Conferencia (4) ☐ Otro (5) ( )		
Firma ⑬	홍길동		

Día 009
입국 심사

여행의 목적이 어떻게 되나요?
¿Cuál es el motivo de su viaje?
꾸알 에스 엘 모띠보 데 수 비아헤?

관광입니다.
Es turismo.
에스 뚜리스모.

여권을 보여 주시겠어요?
¿Puede mostrarme su pasaporte?
뿌에데 모스뜨라르메 수 빠사뽀르떼?

네, 여기 있습니다.
Sí, aquí lo tiene.
시, 아끼 로 띠에네.

얼마나 머무르실 예정인가요?

¿Cuánto tiempo va a quedarse?

관또 띠엠뽀 바 아 께다르세?

2주간 머무를 예정이에요.

Me quedaré dos semanas.

메 께다레 도스 세마나스.

어디에 머무르실 건가요?

¿Dónde se va a alojar?

돈데 세 바 아 알로하르?

보고타에 있는 호텔에 머물 예정이에요.

Me alojaré en un hotel en Bogotá.

메 알로하레 엔 운 오뗄 엔 보고따.

죄송해요, 스페인어를 잘 못해요.

Lo siento, no hablo bien español.

로 시엔또, 노 아블로 비엔 에스빠뇰.

영어로 말씀해 주실 수 있나요?

¿Puede hablar en inglés, por favor?

뿌에데 아블라르 엔 잉글레스, 뽀르 파보르?

이곳에 처음 왔어요.

Es la primera vez que vengo aquí.

에스 라 쁘리메라 베쓰 께 벵고 아끼.

Día 010
환전하기

유로 환율이 얼마인가요?

¿Cuál es el tipo de cambio del euro?

꾸알 에스 엘 띠뽀 데 깜비오 델 에우로?

수수료가 있나요?

¿Cobra alguna comisión?

꼬브라 알구나 꼬미시온?

달러를 페소로 바꾸고 싶어요.
Quiero cambiar dólares a pesos.
끼에로 깜비아르 돌라레스 아 뻬소스.

Tip 스페인어권 국가별 통화

스페인	euro 에우로	쿠바	peso cubano 뻬소 꾸바노
멕시코	peso mexicano 뻬소 메히까노	페루	sol 솔
칠레	peso chileno 뻬소 칠레노	볼리비아	boliviano 볼리비아노

작은 지폐로 주실 수 있나요?
¿Puede darme billetes pequeños, por favor?
뿌에데 다르메 비예떼스 뻬께뇨스, 뽀르 파보르?

영수증을 주세요.
Por favor, deme el recibo.
뽀르 파보르, 데메 엘 레씨보.

이제 다 됐습니다. 여기 돈과 영수증입니다.
Ya está. Aquí tiene el dinero y el recibo.
야 에스따. 아끼 띠에네 엘 디네로 이 엘 레씨보.

지폐를 확인해 봐도 될까요?
¿Puedo revisar los billetes?
뿌에도 레비사르 로스 비예떼스?

최소 환전 금액이 있나요?
¿Hay un monto mínimo para cambiar?
아이 운 몬또 미니모 빠라 깜비아르?

현찰과 카드 환율이 같나요?
¿Es el mismo tipo de cambio para efectivo y tarjeta?
에스 엘 미스모 띠뽀 데 깜비오 빠라 에펙띠보 이 따르헤따?

Día 011
면세품 사기

면세 한도가 얼마인가요?

¿Cuál es el límite de compras libres de impuestos?

꾸알 에스 엘 리미떼 데 꼼쁘라스 리브레스 데 임뿌에스또스?

가장 인기 있는 상품이 뭐예요?

¿Cuál es el producto más popular?

꾸알 에스 엘 쁘로둑또 마스 뽀뿔라르?

할인 받을 수 있나요?

¿Hay algún descuento?

아이 알군 데스꾸엔또?

2개 사면 더 저렴한가요?

¿Es más barato si compro dos?

에스 마스 바라또 시 꼼쁘로 도스?

카드 결제 가능한가요?

¿Puedo pagar con tarjeta?

뿌에도 빠가르 꼰 따르헤따?

면세 영수증도 주세요.

Necesito el recibo de compra libre de impuestos.

네쎄시또 엘 레씨보 데 꼼쁘라 리브레 데 임뿌에스또스.

비행기에 탈 때 문제가 되진 않죠?

¿No habrá problema al abordar el avión con esto?

노 아브라 쁘로블레마 알 아보르다르 엘 아비온 꼰 에스또?

이 제품은 어디서 수령하나요?

¿Dónde recojo este producto?

돈데 레꼬호 에스떼 쁘로둑또?

술은 몇 병까지 가져갈 수 있나요?

¿Cuántas botellas de licor puedo llevar?

꽌따스 보떼야스 데 리꼬르 뿌에도 예바르?

세관 신고서 작성하기

스페인어권 국가로 입국할 때, 세관 신고서를 작성하여 제출해야 할 수 있습니다. 국가마다 대략 세관 신고서를 구성하는 내용은 아래와 같습니다.

① 출발국
② 도착국
③ 여행의 목적
④ 성명
⑤ 국적
⑥ 여권번호
⑦ 나이
⑧ 도착국가 내 주소(머무는 곳의 주소)
⑨ 신고해야할 물품이 있습니까?
⑩ 물품 추정 가치
⑪ 특별세 부과 물품(담배, 술 등)을 가지고 있습니까?
⑫ 식품, 식물 또는 동물을 반입합니까?
⑬ 신고한 모든 물품이 개인용입니까?
⑭ 서명과 날짜

BIENVENIDO AL PERÚ
DECLARACIÓN JURADA DE EQUIPAJE

IDENTIFICACIÓN DEL VIAJERO O JEFE DE FAMILIA

País de procedencia ①	COREA
País de destino ②	PERÚ
Motivo del viaje ③	TURISMO
Nombre completo ④	HONG GILDONG
Nacionalidad ⑤	COREA
Número de pasaporte ⑥	M12345678
Edad ⑦	27

Dirección en el país de destino ⑧

Hilton Garden Inn Cusco, Santa Ana, Avenida Abancay 207, PERÚ

¿Trae usted mercancías que deban declararse? ⑨

SÍ ☐ NO ☑

Valor estimado de las mercancías ⑩

US$300

¿Trae usted artículos sujetos a impuestos especiales (tabaco, alcohol)? ⑪

SÍ ☐ NO ☑

¿Trae usted alimentos, plantas o animales? ⑫

SÍ ☐ NO ☑

¿Todo lo declarado es para uso personal? ⑬

SÍ ☑ NO ☐

Firma y fecha ⑭	홍길동	10 | 03 | 2026

Día 012
세관 검사 · 신고

가방 좀 열어 주시겠어요?

¿Puede abrir su maleta, por favor?

뿌에데 아브리르 수 말레따, 뽀르 파보르?

이 물건은 반입 금지입니다.

Este artículo está prohibido.

에스떼 아르띠꿀로 에스따 쁘로이비도.

죄송합니다, 몰랐습니다. 버리겠습니다.

Lo siento, no lo sabía. Lo desecharé.

로 시엔또, 노 로 사비아. 로 데스에차레.

세관 신고서는 어디에 제출해야 하나요?

¿Dónde debo entregar la declaración de aduana?

돈데 데보 엔뜨레가르 라 데끌라라씨온 데 아두아나?

저 창구에 제출하시면 됩니다.

Debe entregarla en esa ventanilla.

데베 엔뜨레가를라 엔 에사 벤따니야.

이건 뭐죠? 상업용인가요?

¿Qué es esto? ¿Es para uso comercial?

께 에스 에스또? 에스 빠라 우소 꼬메르씨알?

아뇨, 제 개인적인 용도입니다.

No, es para uso personal.

노, 에스 빠라 우소 뻬르소날.

면세점에서 샀습니다. 여기 영수증이 있습니다.

Lo compré en la tienda libre de impuestos.
Aquí está el recibo.

로 꼼쁘레 엔 라 띠엔다 리브레 데 임뿌에스또스. 아끼 에스따 엘 레씨보.

면세 한도를 초과하셨습니다.

Ha excedido el límite libre de impuestos.

아 엑쎄디도 엘 리미떼 리브레 데 임뿌에스또스.

Día 013
수하물 찾기

수하물 찾는 곳은 어디에 있나요?

¿Dónde está la zona de recogida de equipaje?

돈데 에스따 라 쏘나 데 레꼬히다 데 에끼빠헤?

제 짐이 보이지 않아요.

No veo mi maleta.

노 베오 미 말레따.

이 짐이 제 것 같은데요. 확인해 봐도 될까요?

Creo que esta maleta es mía. ¿Puedo comprobarlo?

끄레오 께 에스따 말레따 에스 미아. 뿌에도 꼼쁘로바를로?

수하물 트롤리가 어디 있나요?

¿Dónde están los carritos para equipaje?

돈데 에스딴 로스 까리또스 빠라 에끼빠헤?

저쪽 출구 옆에 있습니다.

Están al lado de la salida, por allá.

에스딴 알 라도 데 라 살리다, 뽀르 아야.

짐이 너무 무거워서 옮기기 힘들어요. 도와주실 수 있나요?

Mi maleta es muy pesada. ¿Puede ayudarme?

미 말레따 에스 무이 뻬사다. 뿌에데 아유다르메?

제 짐이 다른 비행기로 간 것 같아요.

Creo que mi equipaje fue enviado en otro vuelo.

끄레오 께 미 에끼빠헤 푸에 엔비아도 엔 오뜨로 부엘로.

확인해 보겠습니다. 짐표를 보여 주세요.

Vamos a comprobarlo. Muéstreme su comprobante de equipaje.

바모스 아 꼼쁘로바를로. 무에스뜨레메 수 꼼쁘로반떼 데 에끼빠헤.

제 짐이 파손되었어요.

Mi equipaje está dañado.

미 에끼빠헤 에스따 다냐도.

Día 014
문제 상황 발생

제 여권이 사라졌어요.

He perdido mi pasaporte.

에 뻬르디도 미 빠사뽀르떼.

즉시 공항 경찰서로 가셔야 합니다.

Debe ir inmediatamente a la policía del aeropuerto.

데베 이르 인메디아따멘떼 아 라 뽈리씨아 델 아에로뿌에르또.

도움을 받을 수 있는 창구가 어디인가요?

¿Dónde está la ventanilla donde puedo recibir ayuda?

돈데 에스**따** 라 벤따**니**야 **돈**데 **뿌에**도 레씨**비**르 아**유**다?

안내 방송을 못 들었어요.

No he escuchado el anuncio.

노 에 에스꾸**차**도 엘 아**눈**씨오.

제 비행기 게이트가 바뀌었나요?

¿Ha cambiado la puerta de mi vuelo?

아 깜비**아**도 라 **뿌에**르따 데 미 **부엘**로?

세관에서 제 물건이 압수되었어요.

En la aduana han confiscado mis pertenencias.

엔 라 아두**아**나 안 꼰피스**까**도 미스 뻬르떼**넨**씨아스.

제 좌석이 예약과 다르게 배정되었어요.

Mi asiento es diferente al que reservé.

미 아**시엔**또 에스 디페**렌**떼 알 께 레세르**베**.

다음 연결편을 놓칠 것 같아요. 어떻게 해야 하나요?

Creo que voy a perder mi vuelo de conexión. ¿Qué puedo hacer?

끄레오 께 보이 아 뻬르**데**르 미 **부엘**로 데 꼬넥시**온**. 께 **뿌에**도 아**쎄**르?

항공편이 지연되는 이유가 무엇인가요?

¿Cuál es la razón del retraso del vuelo?

꾸알 에스 라 라**쏜** 델 레뜨**라**소 델 **부엘**로?

Parte 2

교통 이용하기

여행스페인어 필수 단어

transporte
뜨란스뽀르떼
교통수단

horario
오라리오
시간표

estación
에스따씨온
역

andén
안덴
승강장, 플랫폼

parada
빠라다
정류장

taquilla
따끼야
매표소

tarjeta de transporte
따르헤따 데 뜨란스뽀르떼
교통카드

trayecto
뜨라옉또
경로

billete
비예떼
표, 티켓

pasajero(-a)
빠사헤로(라)
승객

ventanilla
벤따니야
창가

autobús
아우또부스
버스

metro
메뜨로
지하철

tren
뜨렌
기차

tranvía
뜨란비아
트램

peaje
뻬아헤
통행료

tomar
또마르
타다

bajar
바하르
내리다

coche de alquiler
꼬체 데 알낄레르
렌터카

autopista
아우또삐스따
고속도로

Día 015

지하철 표 구입

표 판매기는 어디에 있나요?

¿Dónde está la máquina de billetes?

돈데 에스따 라 마끼나 데 비예떼스?

바로 저기 왼쪽에 있습니다.

Está justo allí, a la izquierda.

에스따 후스또 아이, 알 라 이스끼에르다.

충전식 교통카드를 사고 싶어요.

Quiero comprar una tarjeta recargable.

끼에로 꼼쁘라르 우나 따르헤따 레까르가블레.

한 달 정기권이 있나요?

¿Tiene abono mensual?

띠에네 아보노 멘수알?

네, 한 달 동안 모든 노선에서 사용할 수 있습니다.
Sí, es válido en todas las líneas durante un mes.
시. 에스 **발**리도 엔 **또**다스 라스 **리**네아스 두**란**떼 운 메스.

이 노선으로 공항까지 가나요?
¿Esta línea va al aeropuerto?
에스따 **리**네아 바 알 아에로**뿌에**르또?

할인되는 표가 있나요?
¿Hay billetes con descuento?
아이 비**예**떼스 꼰 데스**꾸엔**또?

학생증이 있으면 할인됩니다.
Sí, con carnet de estudiante.
시. 꼰 까르**넷** 데 에스뚜**디안**떼.

10회권이 있나요?
¿Tiene billete de diez viajes?
띠에네 비**예**떼 데 디에쓰 비**아**헤스?

이 표로 환승이 가능합니까?
¿Puedo hacer transbordo con este billete?
뿌에도 아**쎄**르 뜨란스**보**르도 꼰 **에**스떼 비**예**떼?

앱으로도 표를 살 수 있나요?
¿Puedo comprar el billete con la aplicación?
뿌에도 꼼쁘**라**르 엘 비**예**떼 꼰 라 아쁠리까씨**온**?

Día 016
지하철 타기

지하철 승강장이 어디에 있나요?

¿Dónde está el andén del metro?

돈데 에스따 엘 안덴 델 메뜨로?

몇 정거장 남았나요?

¿Cuántas paradas faltan?

꽌따스 빠라다스 팔딴?

여기서 내려야 하나요?

¿Tengo que bajar aquí?

뗑고 께 바하르 아끼?

아니요, 다음 역에서 내리세요.

No, baje en la próxima estación.

노, 바헤 엔 라 쁘록시마 에스따씨온.

내릴 때 알려 주실 수 있나요?

¿Puede avisarme cuando tenga que bajar?

뿌에데 아비사르메 꽌도 뗑가 께 바하르?

표를 개찰구에 어떻게 찍나요?

¿Cómo paso el billete por el torniquete?

꼬모 빠소 엘 비예떼 뽀르 엘 또르니께떼?

이 역에서 환승할 수 있나요?

¿Puedo hacer transbordo en esta estación?

뿌에도 아쎄르 뜨란스보르도 엔 에스따 에스따씨온?

다음 지하철은 몇 분 후에 오나요?

¿Cuánto falta para el próximo metro?

꽌또 팔따 빠라 엘 쁘록시모 메뜨로?

3분 후에 도착합니다.

Llega en tres minutos.

예가 엔 뜨레스 미누또스.

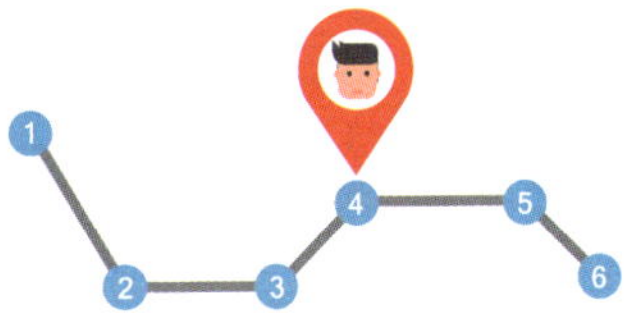

Día 017

시내버스 타기

5번 버스 정류장이 어디에 있나요?

¿Dónde está la parada del autobús número 5?

돈데 에스따 라 빠라다 델 아우또부스 누메로 씬꼬?

버스표를 미리 사야 하나요?

¿Tengo que comprar el billete antes?

뗑고 께 꼼쁘라르 엘 비예떼 안떼스?

아니요, 버스 안에서 살 수 있어요.

No, puede comprarlo en el autobús.

노, 뿌에데 꼼쁘라를로 엔 엘 아우또부스.

이 버스가 해변까지 가나요?

¿Este autobús va a la playa?

에스떼 아우또부스 바 아 라 쁠라야?

이 버스가 언제 오는지 알 수 있나요?

¿Se puede saber cuándo llega este autobús?

세 뿌에데 사베르 꽌도 예가 에스떼 아우또부스?

네, 시내버스 앱에서 실시간으로 볼 수 있어요.

Sí, puede verlo en tiempo real en la aplicación de autobuses.

시, 뿌에데 베를로 엔 띠엠뽀 레알 엔 라 아쁠리까씨온 데 아우또부세스.

이 버스는 몇 시에 끝나요?

¿A qué hora termina este autobús?

아 께 오라 떼르미나 에스떼 아우또부스?

밤 10시에 운행이 끝나요.

Termina a las diez de la noche.

떼르미나 아 라스 디에쓰 데 라 노체.

밤 10시 이후에도 야간 버스가 지나가나요?

¿Pasa el autobús nocturno después de las diez?

빠사 엘 아우또부스 녹뚜르노 데스뿌에스 데 라스 디에쓰?

Día 018

고속버스 타기

마드리드행 버스는 어디서 타나요?

¿Dónde se toma el autobús para Madrid?

돈데 세 또마 엘 아우또부스 빠라 마드릿?

12번 플랫폼에서 타시면 됩니다.

Debe subir en el andén número doce.

데베 수비르 엔 엘 안덴 누메로 도세.

버스 안에서 와이파이를 사용할 수 있나요?

¿Hay wi-fi en el autobús?

아이 **위**피 엔 엘 아우또**부**스?

좌석에 충전기가 있나요?

¿Hay cargador en el asiento?

아이 까르가**도**르 엔 엘 아**시엔**또?

이 버스는 몇 시쯤 도착하나요?

¿A qué hora llega aproximadamente este autobús?

아 께 **오**라 **예**가 아쁘록시마다**멘**떼 **에**스떼 아우또**부**스?

휴대폰에 있는 전자 표를 보여 드려도 되나요?

¿Puedo mostrar el billete electrónico en mi móvil?

뿌에도 모스뜨**라**르 엘 비**예**떼 엘렉뜨**로**니꼬 엔 미 **모**빌?

화장실이 있는 버스인가요?

¿Este autobús tiene baño?

에스떼 아우또**부**스 **띠에**네 **바**뇨?

중간에 휴게소에 들르나요?

¿El autobús para en alguna área de servicio?

엘 아우또**부**스 **빠**라 엔 알**구**나 **아**레아 데 세르**비**씨오?

네, 한 번 20분 정차합니다.

Sí, una parada de veinte minutos.

시, **우**나 빠**라**다 데 **베인**떼 미**누**또스.

Día 019
버스 안에서

저 여기 앉아도 될까요?

¿Puedo sentarme aquí?

뿌에도 센따르메 아끼?

혹시 창가 자리와 바꿔 주시겠어요?

¿Podría cambiar conmigo el asiento de la ventana?

뽀드리아 깜비아르 꼰미고 엘 아시엔또 데 라 벤따나?

버스 안에서 음식을 먹어도 되나요?

¿Se puede comer dentro del autobús?

세 뿌에데 꼬메르 덴뜨로 델 아우또부스?

네, 가능하지만 쓰레기는 가져가 주셔야 합니다.

Sí, pero debe llevarse la basura al salir.

시. 뻬로 데베 예바르세 라 바수라 알 살리르.

짐을 어디에 두면 되나요?

¿Dónde puedo dejar mi equipaje?

돈데 뿌에도 데하르 미 에끼빠헤?

그라나다에 도착하면 알려주실 수 있나요?

¿Puede avisarme cuando lleguemos a Granada?

뿌에데 아비사르메 꽌도 예게모스 아 그라나다?

좌석 번호가 지정되어 있나요?

¿Los asientos son numerados?

로스 아시엔또스 손 누메라도스?

네, 표에 좌석 번호가 적혀 있습니다.

Sí, el número está en su billete.

시. 엘 누메로 에스따 엔 수 비예떼.

에어컨을 줄여 주실 수 있나요?

¿Puede bajar el aire acondicionado?

뿌에데 바하르 엘 아이레 아꼰디씨오나도?

Día 020

기차표 구입

세고비아까지 얼마나 걸리나요?

¿Cuánto tarda hasta Segovia?

꽌또 따르다 아스따 세고비아?

다음 기차는 몇 시에 출발하나요?

¿A qué hora sale el próximo tren?

아 께 오라 살레 엘 쁘록시모 뜨렌?

온라인으로 예약했는데, 어디서 티켓을 받을 수 있나요?

He reservado el billete en línea, ¿dónde puedo recogerlo?

에 레세르**바**도 엘 비**예**떼 엔 **리**네아. **돈**데 **뿌에**도 레꼬**헤**를로?

자동 발매기에서 인쇄하시면 됩니다.

Puede imprimirlo en la máquina automática.

뿌에데 임쁘리**미**를로 엔 라 **마**끼나 아우또**마**띠까.

기차에 짐은 몇 개까지 실을 수 있나요?

¿Cuántas maletas puedo llevar en el tren?

꽌따스 말**레**따스 **뿌에**도 예**바**르 엔 엘 뜨렌?

1등석과 2등석의 차이가 뭔가요?

¿Cuál es la diferencia entre primera y segunda clase?

꾸알 에스 라 디페**렌**씨아 **엔**뜨레 쁘리**메**라 이 세**군**다 끌**라**세?

1등석은 좌석이 넓고 서비스가 포함됩니다.

En primera clase hay asientos más amplios y servicio incluido.

엔 쁘리**메**라 끌**라**세 아이 아**시엔**또스 마스 **암**쁠리오스 이 세르**비**씨오 인끌루**이**도.

기차표 시간을 바꿀 수 있나요?

¿Puedo cambiar la hora del billete?

뿌에도 깜비**아**르 라 **오**라 델 비**예**떼?

학생 할인이 있나요?

¿Hay descuento para estudiantes?

아이 데스**꾸엔**또 **빠**라 에스뚜**디안**떼스?

Día 021

기차 안에서

의자를 조금 뒤로 젖혀도 괜찮을까요?

¿Le molesta si reclino un poco el asiento?

레 몰레스따 시 레끌리노 운 뽀꼬 엘 아시엔또?

죄송한데, 조금만 조용히 해 주실 수 있을까요?

Disculpe, ¿podría hablar un poco más bajo?

디스꿀뻬, 뽀드리아 아블라르 운 뽀꼬 마스 바호?

제 짐을 위에 올려도 될까요?

¿Puedo poner mi maleta arriba?

뿌에도 뽀네르 미 말레따 아리바?

식당칸이 따로 있나요?

¿Hay coche-cafetería?

아이 꼬체 까페떼리아?

네, 두 칸 뒤에 있습니다.

Sí, está dos vagones más atrás.

시, 에스따 도스 바고네스 마스 아뜨라스.

혹시 창문 블라인드를 내려도 될까요?

¿Podría bajar la persiana?

뽀드리아 바하르 라 뻬르시아나?

물론이죠, 괜찮아요.

Claro, no hay problema.

끌라로, 노 아이 쁘로블레마.

이 침대칸은 몇 시에 불이 꺼지나요?

¿A qué hora apagan las luces en este coche cama?

아 께 오라 아빠간 라스 루쎄스 엔 에스떼 꼬체 까마?

당신의 표를 제가 볼 수 있을까요?

¿Puedo ver su billete, por favor?

뿌에도 베르 수 비예떼, 뽀르 파보르?

Tip 스페인 고속열차 AVE(Alta Velocidad Española)는 이름부터 매력적입니다. Ave가 스페인어로 '새'를 의미하기 때문에, '새처럼 빠른 열차'라는 이미지를 자연스럽게 떠올리게 하죠. 스페인에는 AVE 외에도 Alvia와 같은 장거리 고속열차가 있으며, 탑승 중에는 식음료 카트 서비스가 제공되어 보다 쾌적한 여행을 즐길 수 있습니다.

Día 022
택시 타기

제 짐 좀 트렁크에 넣어 주시겠어요?

¿Puede poner mi maleta en el maletero?

뿌에데 뽀**네**르 미 말**레**따 엔 엘 말레**떼**로?

공항까지 가 주세요.

Lléveme al aeropuerto, por favor.

예베메 알 아에로**뿌에**르또, 뽀르 파**보**르.

시간이 없으니, 좀 빨리 가 주세요.
Tengo prisa, por favor vaya un poco más rápido.
뗑고 쁘리사, 뽀르 파보르 바야 운 뽀꼬 마스 라삐도.

급하지 않으니, 좀 천천히 가 주세요.
No tengo prisa, por favor vaya un poco más despacio.
노 뗑고 쁘리사, 뽀르 파보르 바야 운 뽀꼬 마스 데스빠씨오.

여기에서 오른쪽으로 가 주세요.
Vaya a la derecha aquí, por favor.
바야 아 라 데레차 아끼, 뽀르 파보르.

얼마나 걸릴까요?
¿Cuánto tiempo tardaremos?
꽌또 띠엠뽀 따르다레모스?

저기 신호등 앞에서 내려 주세요.
Déjeme allí, delante del semáforo.
데헤메 아이, 델란떼 델 세마포로.

영수증을 받을 수 있을까요?
¿Me puede dar un recibo, por favor?
메 뿌에데 다르 운 레씨보, 뽀르 파보르?

감사합니다, 좋은 하루 보내세요.
Gracias, que tenga un buen día.
그라씨아스, 께 뗑가 운 부엔 디아.

Día 023
트램 타기

트램은 어디서 타나요?

¿Dónde se toma el tranvía?

돈데 세 또마 엘 뜨란비아?

하루 종일 이용할 수 있는 표가 있나요?

¿Hay un billete de un día?

아이 운 비예떼 데 운 디아?

표를 어디에 찍어야 하나요?

¿Dónde valido el billete?

돈데 발리도 엘 비예떼?

이 표로 버스로 환승할 수 있나요?

¿Con este billete puedo hacer transbordo al autobús?

꼰 에스떼 비예떼 뿌에도 아쎄르 뜨란스보르도 알 아우또부스?

네, 1시간 안에는 환승이 가능합니다.

Sí, dentro de una hora puede hacer transbordo.

시, 덴뜨로 데 우나 오라 뿌에데 아쎄르 뜨란스보르도.

이 트램은 해변까지 가나요?

¿Este tranvía va hasta la playa?

에스떼 뜨란비아 바 아스따 라 쁠라야?

트램에 자전거를 가지고 탈 수 있나요?

¿Se puede entrar con bicicleta en el tranvía?

세 뿌에데 엔뜨라르 꼰 비씨끌레따 엔 엘 뜨란비아?

트램에 큰 가방을 가져가도 되나요?

¿Puedo llevar una maleta grande en el tranvía?

뿌에도 예바르 우나 말레따 그란데 엔 엘 뜨란비아?

휴대폰에 있는 전자 표를 사용할 수 있나요?

¿Puedo usar el billete electrónico en mi móvil?

뿌에도 우사르 엘 비예떼 엘렉뜨로니꼬 엔 미 모빌?

Tip

단일권	billete sencillo	비예떼 센씨요
정기권	abono	아보노
할인권	billete reducido	비예떼 레두씨도
교통카드	tarjeta recargable	따르헤따 레까르가블레

Día 024

렌터카 문의

차를 하루 빌리고 싶은데요.

Quiero alquilar un coche por un día.

끼에로 알낄라르 운 꼬체 뽀르 운 디아.

네, 가능합니다. 어떤 차를 원하시나요?

Sí, es posible. ¿Qué tipo de coche desea?

시, 에스 뽀시블레. 께 띠뽀 데 꼬체 데세아?

어떤 차종이 있나요?

¿Qué tipos de coches tienen disponibles?

께 띠뽀스 데 꼬체스 띠에넨 디스뽀니블레스?

하루 요금이 얼마인가요?

¿Cuánto cuesta por día?

꽌또 꾸에스따 뽀르 디아?

주말 할인 같은 게 있나요?

¿Hay algún descuento para el fin de semana?

아이 알군 데스꾸엔또 빠라 엘 핀 데 세마나?

내비게이션이 포함되어 있나요?

¿El coche incluye GPS?

엘 꼬체 인끌루예 헤뻬에세?

보험이 포함되어 있나요?

¿El seguro está incluido en el precio?

엘 세구로 에스따 인끌루이도 엔 엘 쁘레씨오?

다른 도시에서 반납할 수 있나요?

¿Puedo devolver el coche en otra ciudad?

뿌에도 데볼베르 엘 꼬체 엔 오뜨라 씨우닷?

추가 운전자를 등록할 수 있나요?

¿Puedo añadir un conductor adicional?

뿌에도 아냐디르 운 꼰둑또르 아디씨오날?

온라인으로 예약할 수 있나요?

¿Puedo hacer la reserva en línea?

뿌에도 아쎄르 라 레세르바 엔 리네아?

아기용 카시트를 빌릴 수 있나요?

¿Puedo alquilar una silla para bebé?

뿌에도 알낄라르 우나 시야 빠라 베베?

Día 025

렌트하기

예약한 차량을 찾으러 왔습니다.

Vengo a recoger el coche que reservé.

벵고 아 레꼬헤르 엘 꼬체 께 레세르베.

Tip 스페인에서는 자동차를 coche 꼬체 라고 하고
멕시코 등 중남미에서는 carro 까로 또는 auto 아우또 를 주로 사용해요.

차량 상태를 같이 확인할 수 있을까요?

¿Podemos revisar el estado del coche juntos?

뽀데모스 레비사르 엘 에스따도 델 꼬체 훈또스?

연료는 가득 채워져 있나요?

¿El depósito está lleno?

엘 데**뽀**시또 에스**따** **예**노?

풀커버 보험을 추가할 수 있나요?

¿Puedo añadir un seguro a todo riesgo?

뿌에도 아냐**디**르 운 세**구**로 아 **또**도 **리에**스고?

사고가 나면 어떻게 해야 하나요?

¿Qué debo hacer en caso de accidente?

께 **데**보 아**쎄**르 엔 **까**소 데 악씨**덴**떼?

차를 언제, 어디에서 반납하면 되나요?

¿Dónde y a qué hora tengo que devolver el coche?

돈데 이 아 께 **오**라 **뗑**고 께 데볼**베**르 엘 **꼬**체?

연장하고 싶으면 어떻게 해야 하나요?

¿Qué tengo que hacer si quiero prolongar el alquiler?

께 **뗑**고 께 아**쎄**르 시 **끼에**로 쁘롤롱**가**르 엘 알낄**레**르?

감사합니다, 서비스가 아주 좋았습니다.

Gracias, el servicio ha sido excelente.

그라씨아스, 엘 세르**비**씨오 아 **시**도 엑쎌**렌**떼.

Tip

렌트 계약서	contrato de alquiler	꼰뜨**라**또 데 알낄**레**르
자기 부담금	franquicia	프란**끼**씨아
보장	cobertura	꼬베르**뚜**라
보증금	fianza / depósito	피**안**싸 / 데**뽀**시또
반납하다	devolver	데볼**베**르
내비게이션	navegador	나베가**도**르
유아용 카시트	silla infantil	**시**야 인판**띨**

Día 026

주유소에서

기름을 가득 채워 주시겠어요?

¿Puede llenar el depósito, por favor?

뿌에데 예나르 엘 데뽀시또, 뽀르 파보르?

Tip 스페인에서는 '보증금'이라는 뜻도 있지만 자동차의 기름을 가득 채울 때 자동차에 보관될 수 있는 기름의 양을 depósito로 표현합니다.

휘발유 20유로어치 넣어 주세요.

Quiero veinte euros de gasolina.

끼에로 베인떼 에우로스 데 가솔리나.

절반까지만 채워 주세요.

Quiero llenar solo hasta la mitad del depósito.

끼에로 예나르 솔로 아스따 라 미땃 델 데뽀시또.

주유소 안에 매점이 있나요?

¿Hay una tienda en la gasolinera?

아이 우나 띠엔다 엔 라 가솔리네라?

네, 음료와 음식을 팝니다.

Sí, vendemos bebidas y comida.

시, 벤데모스 베비다스 이 꼬미다.

오늘 휘발유 리터당 가격은 얼마인가요?

¿Cuál es el precio del litro de gasolina hoy?

꾸알 에스 엘 쁘레씨오 델 리뜨로 데 가솔리나 오이?

기름값은 어디서 결제하나요?

¿Dónde se paga el combustible?

돈데 세 빠가 엘 꼼부스띠블레?

3번 주유기를 사용해도 되나요?

¿Puedo usar la bomba número tres?

뿌에도 우사르 라 봄바 누메로 뜨레스?

주유기가 작동하지 않아요.

El surtidor no funciona.

엘 수르띠도르 노 푼씨오나.

Día 027

주차하기

가장 가까운 주차장이 어디에 있나요?

¿Dónde está el aparcamiento más cercano?

돈데 에스따 엘 아빠르까미엔또 마스 쎄르까노?

이 길 끝에 하나 있어요.

Hay uno al final de esta calle.

아이 우노 알 피날 데 에스따 까예.

여기 길가에 주차해도 되나요?

¿Puedo aparcar aquí en la calle?

뿌에도 아빠르까르 아끼 엔 라 까예?

무료 주차장이 있나요?

¿Hay aparcamiento gratuito?

아이 아빠르까미엔또 그라뚜이또?

가장 가까운 유료 주차 구역이 어디에 있나요?

¿Dónde está la zona ORA más cercana?

돈데 에스따 라 쏘나 오라 마스 쎄르까나?

Tip 노상 주차(ORA / zonas azules), 공영 주차장(parking público)

ORA의 의미는 O.R.A. = Ordenanza Reguladora de Aparcamiento로, 직역하면 '주차 규제 조례'라는 뜻입니다. 흔히 zona ORA라고 부르며, 보통 도심의 파란색(azul)이나 초록색(verde)으로 표시된 유료 주차 구역을 말합니다. 주차 가능한 시간이 정해져 있고(예: 평일 오전 9시~저녁 8시), 반드시 주차권을 자동판매기에서 구입해 차량 앞 유리에 놓아야 합니다. 시간을 초과하면 벌금(multas)을 부과합니다.

주차 요금은 얼마인가요?

¿Cuánto cuesta el aparcamiento?

꽌또 꾸에스따 엘 아빠르까미엔또?

주차장이 24시간 운영되나요?

¿El aparcamiento funciona las 24 horas?

엘 아빠르까미엔또 푼씨오나 라스 베인띠꽈뜨로 오라스?

주차 요금 정산기계는 어디에 있나요?

¿Dónde está la máquina de pago del aparcamiento?

돈데 에스따 라 마끼나 데 빠고 델 아빠르까미엔또?

주차 자리가 꽉 찼나요?

¿Está lleno el aparcamiento?

에스따 예노 엘 아빠르까미엔또?

장애인 전용 주차 구역이 있나요?

¿Hay plazas reservadas para discapacitados?

아이 쁠라싸스 레세르바다스 빠라 디스까빠씨따도스?

여기 전기차 충전을 위해 주차할 수 있나요?

¿Se puede aparcar aquí para cargar un coche eléctrico?

세 뿌에데 아빠르까르 아끼 빠라 까르가르 운 꼬체 엘렉뜨리꼬?

Día 028

차량 이상

브레이크가 잘 작동하지 않습니다.

Los frenos no funcionan bien.

로스 **프레**노스 노 푼씨**오**난 비엔.

시동이 걸리지 않습니다.

El coche no arranca.

엘 **꼬**체 노 아**란**까.

타이어가 펑크 난 것 같습니다.

Tengo una rueda pinchada.

뗑고 우나 루에다 삔차다.

배터리가 방전된 것 같습니다.

Parece que la batería está descargada.

빠레쎄 께 라 바떼리아 에스따 데스까르가다.

차에서 이상한 냄새가 납니다.

El coche huele raro.

엘 꼬체 우엘레 라로.

긴급 서비스를 부를 수 있는 번호가 있나요?

¿Tiene el número de asistencia en carretera?

띠에네 엘 누메로 데 아시스뗀씨아 엔 까레떼라?

타이어에 바람을 넣을 수 있는 곳이 있나요?

¿Dónde puedo inflar las ruedas?

돈데 뿌에도 인플라르 라스 루에다스?

제 차가 고장 났습니다. 도와주실 수 있나요?

Mi coche se ha averiado. ¿Puede ayudarme?

미 꼬체 세 아 아베리아도. 뿌에데 아유다르메?

네, 견인차를 바로 불러 드리겠습니다.

Sí, voy a llamar a la grúa ahora mismo.

시. 보이 아 야마르 아 라 그루아 아오라 미스모.

Día 029

휴게소에서

기사님, 저 잠깐 매점 다녀올게요.

Señor conductor, voy a la tienda un momento.

세뇨르 꼰둑또르, 보이 알 라 띠엔다 운 모멘또.

서둘러 오세요.

Vuelva pronto, por favor.

부엘바 쁘론또, 뽀르 파보르.

기사님, 돌아갈 때 방송해 주시죠?

¿Avisará cuando salgamos, por favor?

아비사**라** **꽌**도 살**가**모스, 뽀르 파**보**르?

물론이죠, 다들 들릴 수 있게 말씀드릴게요.

Claro, lo anunciaré para que todos lo escuchen.

끌라로, 로 아눈씨아**레** **빠**라 께 **또**도스 로 에스**꾸**첸.

밖에 공기가 상쾌하네요.

Qué aire más fresco hay afuera.

께 **아이**레 마스 **프레**스꼬 아이 아**푸에**라.

기사님, 버스 안에 짐 두고 내렸어요!

¡Dejé mi bolso en el autobús!

데**헤** 미 **볼**소 엔 엘 아우또**부**스!

걱정 마세요, 바로 다시 열어 드릴게요.

No se preocupe, le abro ahora mismo.

노 세 쁘레오**꾸**뻬, 레 **아**브로 아**오**라 **미**스모.

우리 버스가 어디에 있더라?

¿Dónde está nuestro autobús?

돈데 에스**따** **누에**스뜨로 아우또**부**스?

다들 타셨나요?

¿Todos están a bordo?

또도스 에스**딴** 아 **보**르도?

Día 030

길 묻기 I

실례지만, 프라도 박물관이 어디에 있나요?
Perdone, ¿dónde está el Museo del Prado?
빼르도네, 돈데 에스따 엘 무세오 델 쁘라도?

아또차역 근처에 있어요.
Está cerca de la estación de Atocha.
에스따 쎄르까 데 라 에스따씨온 데 아또차.

세비야 대성당에 가려면 어디로 가야 하나요?
¿Cómo puedo llegar a la Catedral de Sevilla?
꼬모 뿌에도 예가르 알 라 까떼드랄 데 세비야?

사그라다 파밀리아는 여기서 멀어요?
¿Está lejos la Sagrada Familia desde aquí?
에스따 레호스 라 사그라다 파밀리아 데스데 아끼?

톨레도까지 가는 버스는 어디서 타나요?

¿Dónde tomo el autobús para Toledo?

돈데 또모 엘 아우또부스 빠라 똘레도?

아빌라 성벽 입구는 어디에 있나요?

¿Dónde está la entrada a las murallas de Ávila?

돈데 에스따 라 엔뜨라다 알 라스 무라야스 데 아빌라?

성당 옆쪽에 입구가 하나 있어요.

Hay una entrada junto a la catedral.

아이 우나 엔뜨라다 훈또 알 라 까떼드랄.

이 길이 알함브라 궁전으로 가는 길 맞나요?

¿Es este el camino a la Alhambra?

에스 에스떼 엘 까미노 알 라 알암브라?

네, 언덕을 따라 올라가시면 돼요.

Sí, suba la cuesta y llegará a la Alhambra.

시, 수바 라 꾸에스따 이 예가라 알 라 알암브라.

마요르 광장에 어떻게 가나요?

¿Cómo llego a la plaza Mayor?

꼬모 예고 알 라 쁠라싸 마요르?

여기서 곧장 가서 신호등에서 우회전하세요.

Siga todo recto y gire a la derecha en el semáforo.

시가 또도 렉또 이 히레 알 라 데레차 엔 엘 세마포로.

Día 031
길 묻기 II

근처에 화장실이 있나요?
¿Hay un baño por aquí?
아이 운 **바**뇨 뽀르 아**끼**?

네, 시장 안에 있어요.
Sí, adentro del mercado.
시, 아**덴**뜨로 델 메르**까**도.

관광 안내소는 어디 있나요?
¿Dónde está la oficina de turismo?
돈데 에스**따** 라 오피**씨**나 데 뚜**리**스모?

이 근처에 약국이 있나요?
¿Hay una farmacia cerca?
아이 **우**나 파르**마**씨아 **쎄**르까?

쿠스코에서 마추픽추로 가려면 어떻게 해야 하나요?

¿Cómo se va de Cusco a Machu Picchu?

꼬모 세 바 데 꾸스꼬 아 마추 픽추?

먼저 아구아스 칼리엔테스까지 기차를 타야 해요.

Primero debe tomar un tren hasta Aguas Calientes.

쁘리메로 데베 또마르 운 뜨렌 아스따 아구아스 깔리엔떼스.

멕시코 치첸이사로 가려면 어떻게 해야 하나요?

¿Cómo voy a Chichén Itzá desde aquí?

꼬모 보이 아 치첸 잇사 데스데 아끼?

아바나 말레콘은 어떻게 가나요?

¿Cómo se llega al Malecón de La Habana?

꼬모 세 예가 알 말레꼰 데 라 아바나?

바닷소리를 따라가시면 바로 도착해요.

Siga el sonido del mar y llegará enseguida.

시가 엘 소니도 델 마르 이 예가라 엔세기다.

경찰서까지 어떻게 가나요?

¿Cómo se llega a la comisaría?

꼬모 세 예가 알 라 꼬미사리아?

이 길을 따라가시면 바로 나와요.

Siga por esta calle y ahí está.

시가 뽀르 에스따 까예 이 아이 에스따.

Día 032
교통 파업

버스가 왜 이렇게 늦나요?

¿Por qué el autobús se retrasa tanto?

뽀르 께 엘 아우또**부**스 세 레뜨**라**사 **딴**또?

시내에서 파업 행진이 있어서요.

Porque hay una marcha de huelga en el centro.

뽀르께 아이 **우**나 **마**르차 데 **우엘**가 엔 엘 **쎈**뜨로.

모든 버스 노선이 멈췄나요?

¿Todas las líneas de autobús están paradas?

또다스 라스 **리**네아스 데 아우또**부**스 에스**딴** 빠**라**다스?

파업이 언제까지 계속되나요?

¿Hasta cuándo dura la huelga?

아스따 **꽌**도 **두**라 라 **우엘**가?

파업으로 인한 티켓 환불이 가능한가요?

¿Puedo obtener el reembolso del billete por la huelga?

뿌에도 옵떼**네**르 엘 레엠**볼**소 델 비**예**떼 뽀르 라 **우엘**가?

파업 소식을 어디서 확인할 수 있나요?

¿Dónde puedo informarme sobre la huelga?

돈데 **뿌에**도 인포르**마**르메 **소**브레 라 **우엘**가?

파업이 자주 일어나나요?

¿Las huelgas ocurren con frecuencia?

라스 **우엘**가스 오**꾸**렌 꼰 프레**꾸엔**씨아?

파업이라서 도시 안이 너무 혼잡하네요.

La ciudad está muy congestionada por la huelga.

라 씨우**닷** 에스**따** 무이 꼰헤스띠오**나**다 뽀르 라 **우엘**가.

불편하지만 이해해야겠네요.

Es incómodo, pero hay que entenderlo.

에스 인**꼬**모도 **뻬**로 아이 께 엔뗀**데**를로.

Parte 3

숙소 이용하기

여행스페인어 필수 단어

hotel
오텔
호텔

habitación
아비따씨온
방

recepción
레셉씨온
프런트, 리셉션

llave
야베
열쇠

reservar
레세르**바**르
예약하다

piso
삐소
층

registro / check-in
레**히**스뜨로 / 체크인
체크인

ascensor
아센**소**르
엘리베이터

salida / check-out
살**리**다 / 체크아웃
체크아웃

escalera
에스깔**레**라
계단

desayuno incluido
데사**유**노 인끌**루이**도
조식 포함

servicio de limpieza
세르**비**씨오 데 림**삐에**싸
객실 청소

toalla
또**아**야
수건

manta
만따
담요

almohada
알모**아**다
베개

servicio de habitaciones
세르**비**씨오 데 아비따씨**오**네스
룸서비스

llamada de despertador
야**마**다 데 데스뻬르따**도**르
모닝콜

consigna
꼰**시**그나
짐 보관소

depósito
데**뽀**시또
보증금

precio por noche
쁘레씨오 뽀르 **노**체
숙박 요금

Día 033

숙소 예약하기

방을 예약하고 싶습니다.

Quisiera reservar una habitación.

끼시에라 레세르바르 우나 아비따씨온.

싱글룸 요금은 얼마인가요?

¿Cuánto cuesta la habitación individual?

꽌또 꾸에스따 라 아비따씨온 인디비두알?

조식 포함된 방을 원합니다.

Quiero una habitación con desayuno incluido.

끼에로 우나 아비따씨온 꼰 데사유노 인끌루이도.

예약을 확인하고 싶습니다. 제 이름은 김민주입니다.

Quisiera confirmar mi reserva. Mi nombre es Kim Min-ju.

끼시에라 꼰피르마르 미 레세르바. 미 놈브레 에스 김민주.

예약 번호를 알려 드릴까요?

¿Le doy mi número de reserva?

레 도이 미 누메로 데 레세르바?

고층 방으로 부탁드립니다.

Prefiero una habitación en un piso alto.

쁘레피에로 우나 아비따씨온 엔 운 삐소 알또.

언제까지 위약금 없이 취소할 수 있나요?

¿Hasta cuándo puedo cancelar sin penalización?

아스따 꽌도 뿌에도 깐쎌라르 신 뻬날리싸씨온?

예약 변경이 가능할까요?

¿Es posible modificar la reserva?

에스 뽀시블레 모디피까르 라 레세르바?

예약 확인서를 이메일로 받을 수 있을까요?

¿Puedo recibir la confirmación por correo electrónico?

뿌에도 레씨비르 라 꼰피르마씨온 뽀르 꼬레오 엘렉뜨로니꼬?

Día 034
숙소 체크인

제 이름으로 예약이 되어 있을 겁니다.

Debe de haber una reserva a mi nombre.

데베 데 아베르 우나 레세르바 아 미 놈브레.

제 예약을 확인해 주시겠어요?

¿Podría confirmar mi reserva?

뽀드리아 꼰피르마르 미 레세르바?

예약 확인서를 보여 드리겠습니다.

Aquí tiene la confirmación de mi reserva.

아끼 띠에네 라 꼰피르마씨온 데 미 레세르바.

혹시 일찍 체크인할 수 있을까요?

¿Sería posible hacer el check-in temprano?

세리아 뽀시블레 아쎄르 엘 체크인 뗌쁘라노?

조식이 포함된 예약인가요?

¿El desayuno está incluido en mi reserva?

엘 데사유노 에스따 인끌루이도 엔 미 레세르바?

숙박 요금은 지금 결제하나요, 아니면 나중에 하나요?

¿Debo pagar ahora o más tarde?

데보 빠가르 아오라 오 마스 따르데?

여권을 보여 드릴까요?

¿Quiere que le muestre mi pasaporte?

끼에레 께 레 무에스뜨레 미 빠사뽀르떼?

방은 몇 층에 있나요?

¿En qué piso está la habitación?

엔 께 삐소 에스따 라 아비따씨온?

짐을 방까지 옮겨 주실 수 있나요?

¿Pueden ayudarme con el equipaje hasta la habitación?

뿌에덴 아유다르메 꼰 엘 에끼빠헤 아스따 라 아비따씨온?

Tip 호텔 체크인 시 영어 표현을 가져와 다음과 같이 활용할 수 있습니다.

Quisiera hacer el check-in. 체크인하고 싶습니다.

그러나 순수 스페인어 동사를 활용해서 동일한 문장을 다음과 같이 표현할 수 있어요.

Quisiera registrarme en el hotel. 체크인하고 싶습니다.

Día 035
숙박 요청 사항

수건을 더 받을 수 있을까요?

¿Podría darme más toallas, por favor?

뽀드리아 다르메 마스 또아야스, 뽀르 파보르?

베개를 하나 더 가져다 주실 수 있나요?

¿Me puede traer otra almohada?

메 뿌에데 뜨라에르 오뜨라 알모아다?

방 청소를 부탁드려도 될까요?

¿Podrían limpiar la habitación?

뽀드리안 림삐아르 라 아비따씨온?

모닝콜 좀 해 주시겠어요?

¿Podrían darme una llamada de despertador?

뽀드리안 다르메 우나 야마다 데 데스뻬르따도르?

침대 시트를 교체해 주시겠어요?

¿Podrían cambiar las sábanas?

뽀드리안 깜비아르 라스 사바나스?

미니바에 물을 더 채워 주시겠어요?

¿Podrían reponer el agua en el minibar?

뽀드리안 레뽀네르 엘 아구아 엔 엘 미니바르?

와이파이 비밀번호를 알려 주시겠어요?

¿Me puede dar la contraseña del wi-fi?

메 뿌에데 다르 라 꼰뜨라세냐 델 위피?

세탁 서비스를 이용할 수 있을까요?

¿Se puede usar el servicio de lavandería?

세 뿌에데 우사르 엘 세르비씨오 데 라반데리아?

다리미를 빌릴 수 있나요?

¿Puedo pedir una plancha?

뿌에도 뻬디르 우나 쁠란차?

객실 안에 있는 물품들

cama 까마 침대	**calefacción** 깔레팍씨온 난방
sábana **사**바나 침대시트	**caja fuerte** 까하 **푸**에르떼 금고
armario 아르**마**리오 옷장	**champú** 참**뿌** 샴푸
gel de ducha 헬 데 **두**차 바디샤워	**jabón** 하본 비누
aire acondicionado 아**이**레 아꼰디씨오**나**도 에어컨	**secador de pelo** 세까**도**르 데 **뻴**로 드라이기

papel higiénico
빠뻴 이히에니꼬
휴지

minibar
미니바르
미니바

baño
바뇨
화장실, 욕실

ducha
두차
샤워기

vaso
바소
컵

nevera
네베라
냉장고

lámpara
람빠라
스탠드, 조명

cortina
꼬르띠나
커튼

teléfono
뗄레포노
전화기

espejo
에스뻬호
거울

Día 036
객실 서비스 요청

아침 식사를 방으로 가져다 주실 수 있나요?

¿Podrían traer el desayuno a la habitación?

뽀드리안 뜨라에르 엘 데사유노 알 라 아비따씨온?

네, 물론입니다. 몇 시에 가져다 드릴까요?

Sí, con mucho gusto. ¿A qué hora desea que lo llevemos?

시, 꼰 무초 구스또. 아 께 오라 데세아 께 로 예베모스?

룸서비스는 몇 시까지 가능한가요?

¿Hasta qué hora funciona el servicio de habitaciones?

아스따 께 오라 푼씨오나 엘 세르비씨오 데 아비따씨오네스?

오늘 저녁에 방으로 식사를 부탁드려요.

Quisiera cenar en la habitación esta noche.

끼시에라 쎄나르 엔 라 아비따씨온 에스따 노체.

유제품이 들어가지 않은 메뉴가 있을까요?

¿Tienen platos sin productos lácteos?

띠에넨 쁠라또스 신 쁘로둑또스 락떼오스?

수저 세트를 하나 더 가져다 주시겠어요?

¿Podría traerme un juego de cubiertos adicional?

뽀드리아 뜨라에르메 운 후에고 데 꾸비에르또스 아디씨오날?

음식을 덜 짜게 만들어 주시겠어요?

¿Podría preparar la comida con menos sal, por favor?

뽀드리아 쁘레빠라르 라 꼬미다 꼰 메노스 살, 뽀르 파보르?

방에 샌드위치를 배달해 주실 수 있나요?

¿Podrían traer un sándwich a la habitación?

뽀드리안 뜨라에르 운 산위치 알 라 아비따씨온?

얼음 좀 가져다 주시겠어요?

¿Podrían traerme hielo, por favor?

뽀드리안 뜨라에르메 이엘로, 뽀르 파보르?

커피 두 잔을 주문하고 싶습니다.

Quisiera pedir dos cafés.

끼시에라 뻬디르 도스 카페스.

계산서를 방에 올려 주실 수 있나요?

¿Podrían subir la cuenta a la habitación?

뽀드리안 수비르 라 꾸엔따 알 라 아비따씨온?

Día 037

편의 시설 문의

호텔에 피트니스 센터가 있나요?

¿Tienen gimnasio en el hotel?

띠에넨 힘나시오 엔 엘 오뗄?

당연하죠, 3층에 하나 있습니다.

Claro, hay uno en el tercer piso.

끌라로, 아이 우노 엔 엘 떼르쎄르 삐소.

수영장은 몇 시까지 이용할 수 있나요?

¿Hasta qué hora está abierta la piscina?

아스따 께 오라 에스따 아비에르따 라 삐씨나?

주차장은 무료인가요?

¿El aparcamiento es gratuito?

엘 아빠르까미엔또 에스 그라뚜이또?

공항 셔틀 서비스가 있나요?

¿Hay servicio de traslado al aeropuerto?

아이 세르비씨오 데 뜨라슬라도 알 아에로뿌에르또?

근처 관광 정보를 얻을 수 있을까요?

¿Puedo obtener información turística cerca de aquí?

뿌에도 옵떼네르 인포르마씨온 뚜리스띠까 쎄르까 데 아끼?

근처에 마트가 있나요?

¿Hay un supermercado cerca de aquí?

아이 운 수뻬르메르까도 쎄르까 데 아끼?

사우나를 이용할 수 있나요?

¿Se puede usar la sauna?

세 뿌에데 우사르 라 사우나?

호텔에 스파 서비스가 있나요?

¿Hay servicio de spa en el hotel?

아이 세르비씨오 데 에스빠 엔 엘 오뗄?

바(Bar)가 몇 시까지 열려 있나요?

¿Hasta cuándo está abierto el bar?

아스따 꽌도 에스따 아비에르또 엘 바르?

호텔에 비즈니스 센터가 있나요?

¿Hay un centro de negocios en el hotel?

아이 운 쎈뜨로 데 네고씨오스 엔 엘 오뗄?

Día 038

객실 불편사항 I

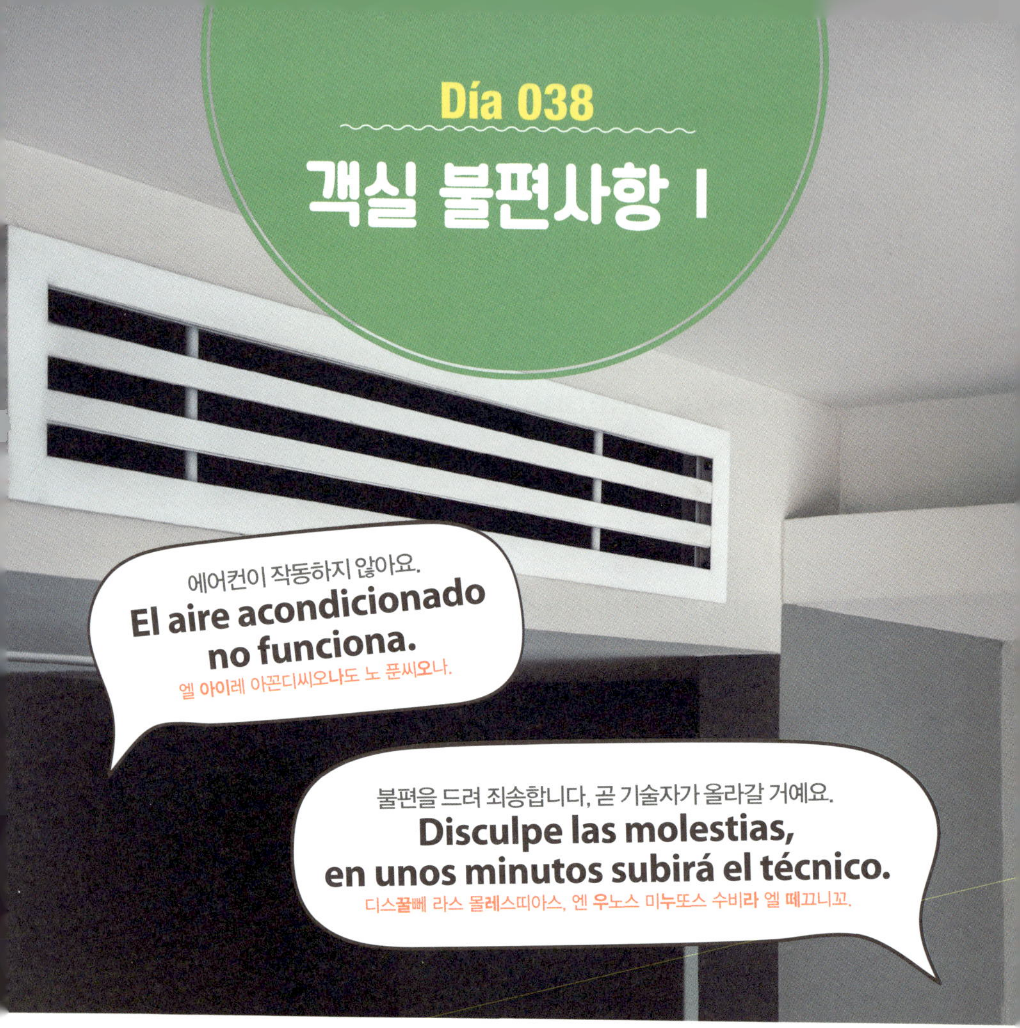

난방이 안 됩니다.

La calefacción no funciona.

라 깔레팍씨온 노 푼씨오나.

방이 너무 덥습니다.

La habitación está demasiado caliente.

라 아비따씨온 에스따 데마시아도 깔리엔떼.

방에 벌레가 있습니다.

Hay insectos en la habitación.

아이 인**섹**또스 엔 라 아비따씨**온**.

방에서 이상한 냄새가 납니다.

La habitación huele mal.

라 아비따씨**온** **우엘**레 말.

소음이 심합니다.

Hay mucho ruido.

아이 **무**초 **루이**도.

위층이 너무 시끄럽습니다.

Hay mucho ruido en el piso de arriba.

아이 **무**초 **루이**도 엔 엘 **삐**소 데 아**리**바.

수건이 깨끗하지 않습니다.

Las toallas no están limpias.

라스 또**아**야스 노 에스**딴** **림**삐아스.

침대 시트가 얼룩져 있습니다.

Las sábanas tienen manchas.

라스 **사**바나스 **띠에**넨 **만**차스.

창문이 잘 안 닫힙니다.

La ventana no cierra bien.

라 벤**따**나 노 **씨에**라 비엔.

Día 039

객실 불편사항 II

뜨거운 물이 안 나옵니다.

No sale agua caliente.

노 **살**레 **아구**아 깔**리엔**떼.

수압이 약합니다.

La presión del agua es muy baja.

라 쁘레시**온** 델 **아구**아 에스 무이 **바**하.

욕조가 더럽습니다.

La bañera está sucia.

라 바녜라 에스따 수씨아.

화장실이 막혔습니다.

El baño está atascado.

엘 바뇨 에스따 아따스까도.

냉장고가 작동하지 않습니다.

El frigorífico no funciona.

엘 프리고리피꼬 노 푼씨오나.

콘센트가 고장 났습니다.

El enchufe no funciona.

엘 엔추페 노 푼씨오나.

TV가 켜지지 않습니다.

La televisión no enciende.

라 뗄레비시온 노 엔씨엔데.

매트리스가 너무 딱딱합니다.

El colchón está demasiado duro.

엘 꼴촌 에스따 데마시아도 두로.

침대가 불편합니다.

La cama es incómoda.

라 까마 에스 인꼬모다.

Día 040
숙소 체크아웃

체크아웃하러 왔습니다.

Quiero hacer el check-out.

끼에로 아쎄르 엘 체크 아웃.

방 키를 반납할게요.

Devuelvo la llave de la habitación.

데부엘보 라 야베 델 라 아비따씨온.

미니바에서 아무것도 사용하지 않았어요.

No he consumido nada del minibar.

노 에 꼰수미도 나다 델 미니바르.

추가 요금이 있나요?

¿Hay cargos adicionales?

아이 까르고스 아디씨오날레스?

공항까지 택시를 불러 주시겠어요?

¿Podrían llamar un taxi al aeropuerto?

뽀드리안 야마르 운 딱시 알 아에로뿌에르또?

체크아웃 후에도 로비를 이용할 수 있나요?

¿Puedo usar el vestíbulo después del check-out?

뿌에도 우사르 엘 베스띠불로 데스뿌에스 델 체크아웃?

오늘 늦게 체크아웃할 수 있나요?

¿Puedo dejar la habitación más tarde?

뿌에도 데하르 라 아비따씨온 마스 따르데?

짐을 보관해 주실 수 있나요?

¿Pueden guardar mi equipaje?

뿌에덴 과르다르 미 에끼빠헤?

숙박이 아주 만족스러웠습니다. 감사합니다.

He estado muy satisfecho con mi estancia. Gracias.

에 에스따도 무이 사띠스페초 꼰 미 에스딴씨아. 그라씨아스.

Tip 호텔 체크아웃 시에도 마찬가지로 영어 표현을 가져와 활용 가능합니다.

¿A qué hora debo hacer el check-out? 몇 시에 체크아웃해야 하나요?

그러나 순수 스페인어 동사들을 활용해서 동일한 문장을 다음과 같이 표현할 수 있어요.

¿A qué hora debo dejar/desocupar la habitación? 몇 시에 체크아웃해야 하나요?

퇴실을 늦게 할 경우, ¿Puedo hacer un late check-out?처럼 영어 표현을 그대로 쓰는 편입니다.

카미노 데 산티아고와 알베르게

스페인 북서부의 산티아고 데 콤포스텔라(Santiago de Compostela) 대성당으로 향하는 순례길은 종교적 목적뿐 아니라 자기 성찰을 위한 여행 코스로 한국인들에게 인기가 많습니다.

순례하는 동안 저렴한 가격에 순례자들이 묵을 수 있도록 마련된 숙소를 알베르게(Albergue)라고 합니다. 호텔에 비하면 규모나 시설 면에서 소박한 곳이지만, 지친 순례자들이 쉬어가기엔 부족함이 없는 공간입니다. 대부분 순례자 증명서(credencial del peregrino)를 제시해야 입실이 가능합니다.

대부분의 알베르게는 순례자에게 침대를 선착순으로 배정하고, 숙박비가 기부식(donativo)인 곳도 있습니다.
순례길이나 알베르게에서 다양한 국적의 순례자들과 만나면 "Buen Camino 부엔 까미노" 하고 인사해 보세요! 서로의 순례길을 응원하는 인사입니다.

Parte 4

쇼핑 즐기기

여행스페인어 필수 단어

tienda
띠엔다
가게

caja
까하
계산대

centro comercial
쎈뜨로 꼬메르씨알
쇼핑센터

precio
쁘레씨오
가격

mercado
메르까도
시장

rebaja
레바하
세일

supermercado
수뻬르메르까도
슈퍼마켓

oferta
오페르따
특가 할인

escaparate
에스까빠라떼
진열장

etiqueta
에띠께따
가격표, 라벨

talla **따**야 사이즈	**color** 꼴**로**르 색
probador 쁘로바**도**르 탈의실	**comprar** 꼼쁘**라**르 구매하다
en efectivo 엔 에펙**띠**보 현금으로	**devolver** 데볼**베**르 환불하다
con tarjeta 꼰 따르**헤**따 카드로	**cambio** **깜**비오 거스름돈
recibo 레**씨**보 영수증	**bolsa** **볼**사 쇼핑백, 봉지

Día 041
매장 찾기

빵집을 찾고 있는데, 어디 있나요?

Estoy buscando una panadería, ¿dónde hay una?

에스**또이** 부스**깐**도 **우**나 빠나데**리**아, **돈**데 아이 **우**나?

근처에 신발 가게가 있나요?

¿Hay zapatería cerca?

아이 싸빠떼**리**아 **쎄**르까?

네, 바로 이 길 건너편에 있어요.

Sí, justo cruzando esta calle.

시. 후스또 꾸르싼도 에스따 까예.

편의점이 있나요?

¿Hay una tienda de conveniencia?

아이 우나 띠엔다 데 꼰베니엔씨아?

큰 쇼핑몰은 어디에 있나요?

¿Dónde está el centro comercial grande?

돈데 에스따 엘 쎈뜨로 꼬메르씨알 그란데?

와인이나 술을 살 수 있는 상점이 있나요?

¿Dónde puedo comprar vino o licor?

돈데 뿌에도 꼼쁘라르 비노 오 리꼬르?

은행은 어디에 있나요?

¿Dónde está el banco?

돈데 에스따 엘 반꼬?

휴대폰 매장이 있나요?

¿Hay una tienda de teléfonos móviles?

아이 우나 띠엔다 데 뗄레포노스 모빌레스?

한인 슈퍼마켓이 어디에 있나요?

¿Dónde hay un supermercado coreano?

돈데 아이 운 수뻬르메르까도 꼬레아노?

Día 042
마트에서

계산대가 어디 있나요?
¿Dónde está la caja?
돈데 에스따 라 까하?

출구 쪽에 있습니다.
Está junto a la salida.
에스따 훈또 알 라 살리다.

안녕하세요, 우유는 어디에 있나요?
Hola, ¿dónde está la leche?
올라, 돈데 에스따 라 레체?

카트는 어디에 있나요?
¿Dónde están los carritos de compra?
돈데 에스딴 로스 까리또스 데 꼼쁘라?

쌀은 어디에서 살 수 있나요?

¿Dónde puedo comprar arroz?

돈데 뿌에도 꼼쁘라르 아로쓰?

이 치즈는 얼마인가요?

¿Cuánto cuesta este queso?

꽌또 꾸에스따 에스떼 께소?

이거 시식해 볼 수 있나요?

¿Puedo probar esto?

뿌에도 쁘로바르 에스또?

이거 할인 중인가요?

¿Está en oferta esto?

에스따 엔 오페르따 에스또?

계산이 잘못된 것 같은데요.

Creo que hay un error en el total.

끄레오 께 아이 운 에로르 엔 엘 또딸.

현금으로 내도 되나요?

¿Puedo pagar en efectivo?

뿌에도 빠가르 엔 에펙띠보?

비닐봉투가 있나요?

¿Tiene bolsa de plástico?

띠에네 볼사 데 쁠라스띠꼬?

Día 043
시장에서

이거 신선한가요?

¿Está fresco esto?

에스따 프레스꼬 에스또?

이거 신선해 보여요!

¡Se ve muy fresco!

세 베 무이 프레스꼬!

네, 오늘 아침에 들어왔어요.

Sí, ha llegado esta mañana.

시. 아 예가도 에스따 마냐나.

더 좋은 가격에(할인해) 주실 수 있나요?

¿Me puede hacer un mejor precio?

메 뿌에데 아쎄르 운 메호르 쁘레씨오?

조금만 살 수 있나요?

¿Puedo comprar una pequeña cantidad?

뿌에도 꼼쁘라르 우나 뻬께냐 깐띠닷?

이 과일은 어떻게 먹나요?

¿Cómo se come esta fruta?

꼬모 세 꼬메 에스따 프루따?

카드로 결제할 수 있나요?

¿Puedo pagar con tarjeta?

뿌에도 빠가르 꼰 따르헤따?

너무 예쁘네요! 이건 수공예품인가요?

¡Qué bonito! ¿Es hecho a mano?

께 보니또! 에스 에초 아 마노?

잔돈으로 주실 수 있나요?

¿Me puede dar el cambio en monedas?

메 뿌에데 다르 엘 깜비오 엔 모네다스?

Día 044

매장 둘러보기

안녕하세요, 그냥 둘러보고 있어요.

Hola, solo estoy mirando.

올라, 솔로 에스또이 미란도.

괜찮아요, 도움이 필요하시면 말씀해 주세요.

No hay problema, avíseme si necesita ayuda.

노 아이 쁘로블레마, 아비세메 시 네쎄시따 아유다.

신발 코너는 어디에 있나요?

¿Dónde está la sección de zapatos?

돈데 에스따 라 섹씨온 데 싸빠또스?

화장품 코너는 어디예요?

¿Dónde está la sección de cosméticos?

돈데 에스따 라 섹씨온 데 꼬스메띠꼬스?

저쪽 엘리베이터 옆에 있습니다.

Está al lado del ascensor.

에스따 알 라도 델 아쎈소르.

아이 메이크업 제품은 어디에 있나요?

¿Dónde están los productos de maquillaje para ojos?

돈데 에스딴 로스 쁘로둑또스 데 마끼야헤 빠라 오호스?

실례합니다, 에스컬레이터는 어디에 있나요?

Disculpe, ¿dónde está la escalera mecánica?

디스꿀뻬, 돈데 에스따 라 에스깔레라 메까니까?

이 가게는 몇 시까지 여나요?

¿Hasta qué hora está abierta la tienda?

아스따 께 오라 에스따 아비에르따 라 띠엔다?

감사합니다, 다음에 또 올게요.

Gracias, volveré otro día.

그라씨아스, 볼베레 오뜨로 디아.

Día 045

옷가게에서 I

이 드레스 정말 예뻐요!

¡Qué bonito este vestido!

께 보니또 에스떼 베스띠도!

네, 이번 시즌 신상품이에요.

Sí, es de la nueva temporada.

시, 에스 데 라 누에바 뗌뽀라다.

바지 좀 보고 싶은데요.

Quisiera ver unos pantalones.

끼시에라 베르 우노스 빤딸로네스.

이 옷을 입어볼 수 있을까요?

¿Puedo probármelo?

뿌에도 쁘로바르멜로?

물론이죠, 피팅룸은 저쪽에 있습니다.

Claro, el probador está por allá.

끌라로, 엘 쁘로바도르 에스따 뽀르 아야.

조금 작은 사이즈로 바꿀 수 있을까요?

¿Puedo probar una talla más chica?

뿌에도 쁘로바르 우나 따야 마스 치까?

Tip 명사로 '소녀'를 뜻하는 chica는 이 문장에서 '작은'이라는 형용사로 사용되었어요. "una talla más chica"는 라틴 아메리카에서 자주 쓰는 표현이며, 스페인에서는 보통 "una talla más pequeña 우나 따야 마스 뻬께냐"라고 표현합니다.

이 옷은 저한테 좀 큰 것 같아요.

Creo que me queda un poco grande.

끄레오 께 메 께다 운 뽀꼬 그란데.

이 치마 다른 색상도 있나요?

¿Tiene esta falda en otro color?

띠에네 에스따 팔다 엔 오뜨로 꼴로르?

며칠 안에 교환할 수 있나요?

¿En cuántos días puedo hacer el cambio?

엔 꽌또스 디아스 뿌에도 아쎄르 엘 깜비오?

이 옷은 세탁기 돌려도 되나요?

¿Se puede lavar en lavadora esta prenda?

세 뿌에데 라바르 엔 라바도라 에스따 쁘렌다?

이 소재는 뭐예요?

¿De qué material es esto?

데 께 마떼리알 에스 에스또?

Día 046

옷가게에서 II

이 티셔츠에 제 이름을 새기고 싶은데요.
Querría personalizar esta camiseta con mi nombre detrás.
께리아 빼르소날리싸르 에스따 까미세따 꼰 미 놈브레 데뜨라스.

성함이 어떻게 되시죠?
¿Cuál es su nombre?
꾸알 에스 수 놈브레?

이번 시즌 티셔츠는 어디에 있나요?
¿Dónde está la camiseta de esta temporada?
돈데 에스따 라 까미세따 데 에스따 뗌뽀라다?

여기 있습니다.
Aquí tiene.
아끼 띠에네.

품절됐습니다.

Están agotadas.

에스**딴** 아고**따**다스.

다른 사이즈 있나요?

¿Tiene en otra talla?

띠에네 엔 **오**뜨라 **따**야?

죄송하지만, 손님 사이즈가 없네요.

Lo siento, pero no lo tenemos en su talla.

로 **시엔**또, **뻬**로 노 로 떼**네**모스 엔 수 **따**야.

이 외투에 제 이름을 새길 수 있을까요?

¿Se puede personalizar este abrigo con mi nombre?

세 **뿌에**데 뻬르소날리**사**르 **에**스떼 아브**리**고 꼰 미 **놈**브레?

이름 철자를 어떻게 쓰는지 말씀해 주세요.

Dígame cómo se escribe su nombre.

디가메 **꼬**모 세 에스끄**리**베 수 **놈**브레.

이건 정품인가요?

¿Es original?

에스 오리히**날**?

어린이용 사이즈도 있나요?

¿Tienen tallas para niños?

띠에넨 **따**야스 **빠**라 **니**뇨스?

Día 047
신발 가게에서

이 신발은 얼마예요?

¿Cuánto cuestan estos zapatos?

꽌또 꾸에스딴 에스또스 싸빠또스?

이 모델 다른 색상도 있나요?

¿Tiene este modelo en otro color?

띠에네 에스떼 모델로 엔 오뜨로 꼴로르?

이 신발 38사이즈 있나요?
¿Tiene estos zapatos en la talla 38?
띠에네 에스또스 싸빠또스 엔 라 따야 뜨레인따 이 오초?

이거 36사이즈로 신어볼 수 있을까요?
¿Puedo probarme estos en la talla 36?
뿌에도 쁘로바르메 에스또스 엔 라 따야 뜨레인따 이 세이스?

이 신발은 조금 작은 것 같아요.
Estos zapatos me quedan un poco pequeños.
에스또스 싸빠또스 메 께단 운 뽀꼬 뻬께뇨스.

이 신발은 발이 아파요.
Estos zapatos me aprietan.
에스또스 싸빠또스 메 아쁘리에딴.

이 신발은 어디서 만든 건가요?
¿Dónde se fabrican estos zapatos?
돈데 세 파브리깐 에스또스 싸빠또스?

신발끈을 따로 팔기도 하나요?
¿Venden cordones por separado?
벤덴 꼬르도네스 뽀르 세빠라도?

신발 청소용 제품도 있나요?
¿Tienen productos para limpiar los zapatos?
띠에넨 쁘로둑또스 빠라 림삐아르 로스 싸빠또스?

Día 048
가격 흥정하기

세 개 사면 얼마예요?

¿Cuánto por tres?

콴또 뽀르 뜨레스?

두 개 사면 할인되나요?

¿Hay descuento si llevo dos?

아이 데스꾸엔또 시 예보 도스?

현금으로 내면 더 싸게 해 주시나요?

¿Si pago en efectivo, me lo deja más barato?

시 빠고 엔 에펙띠보, 메 로 데하 마스 바라또?

너무 비싼 것 같아요.

Creo que es un poco caro.

끄레오 께 에스 운 뽀꼬 까로.

이 가격은 너무 비싸요.

Ese precio es demasiado alto.

에세 쁘레씨오 에스 데마시아도 알또.

다른 곳에서는 더 싸게 팔던데요.

En otro puesto lo vi más barato.

엔 오뜨로 뿌에스또 로 비 마스 바라또.

이거랑 저거 같이 사면 얼마예요?

¿Cuánto cuesta si llevo esto y aquello juntos?

꽌또 꾸에스따 시 예보 에스또 이 아께요 훈또스?

조금만 더 빼 주시면 살게요.

Si me baja un poco más, lo compro.

시 메 바하 운 뽀꼬 마스, 로 꼼쁘로.

좋아요, 그럼 이 가격으로 살게요.

Está bien, lo compro a ese precio.

에스따 비엔, 로 꼼쁘로 아 에세 쁘레씨오.

Día 049

와인 고르기

선물용으로 적당한 와인은 뭐가 있을까요?

¿Qué vino sería bueno para regalar?

께 비노 세리아 부에노 빠라 레갈라르?

저렴하지만 품질 좋은 와인을 추천해 주세요.

¿Me recomienda un vino bueno y económico?

메 레꼬미엔다 운 비노 부에노 이 에꼬노미꼬?

너무 세지 않은 와인을 원해요.

Quiero un vino que no sea muy fuerte.

끼에로 운 비노 께 노 세아 무이 푸에르떼.

이 와인 시음해 볼 수 있나요?

¿Puedo probar este vino?

뿌에도 쁘로바르 에스떼 비노?

생선 요리에는 어떤 와인이 어울릴까요?

¿Qué vino va bien con pescado?

께 비노 바 비엔 꼰 뻬스까도?

고기 요리에 어울리는 와인을 찾고 있어요.

Busco un vino que combine bien con carne.

부스꼬 운 비노 께 꼼비네 비엔 꼰 까르네.

후식과 함께 마실 와인을 고르고 싶어요.

Quisiera elegir un vino para acompañar el postre.

끼시에라 엘레히르 운 비노 빠라 아꼼빠냐르 엘 뽀스뜨레.

이 와인은 단가요, 아니면 드라이한가요?

¿Este vino es dulce o seco?

에스떼 비노 에스 둘쎄 오 세꼬?

감사합니다, 이걸로 한 병 주세요.

Gracias, me llevo una botella de este.

그라씨아스, 메 예보 우나 보떼야 데 에스떼.

Día 050

기념품 가게에서

전통적인 스페인 기념품은 어떤 게 있나요?

¿Qué tipo de recuerdos típicos de España tiene?

께 **띠**뽀 데 레**꾸에**르도스 **띠**삐꼬스 데 에스**빠**냐 **띠에**네?

부채, 도자기, 올리브유가 대표적이에요.

Abanicos, cerámica y aceite de oliva son típicos.

아바**니**꼬스, 쎄**라**미까 이 아**쎄이**떼 데 올**리**바 손 **띠**삐꼬스.

친구 선물로 살 건데, 추천해 주실 수 있나요?

Busco un regalo para un amigo, ¿qué me recomienda?

부스꼬 운 레갈로 빠라 운 아미고, 께 메 레꼬미엔다?

자석은 어디에 있나요?

¿Dónde están los imanes?

돈데 에스딴 로스 이마네스?

이 부채는 수제인가요?

¿Este abanico es hecho a mano?

에스떼 아바니꼬 에스 에초 아 마노?

이거 너무 마음에 들어요!

¡Me encanta este!

메 엔깐따 에스떼!

좋은 선택이에요, 아주 인기 있는 제품이에요.

Buena elección, es uno de los más vendidos.

부에나 엘렉씨온, 에스 우노 데 로스 마스 벤디도스.

이거 포장해 주실 수 있나요?

¿Podría envolverlo para regalo?

뽀드리아 엔볼베를로 빠라 레갈로?

깨지지 않게 포장해 주세요.

Por favor, envuélvalo para que no se rompa.

뽀르 파보르, 엔부엘발로 빠라 께 노 세 롬빠.

여행지에서 많이 사는 물건

aceite de oliva
아쎄이떼 데 올리바

올리브유

vino
비노

와인

café
까페

커피

abanico
아바니꼬

부채

joyas artesanales
호야스 아르떼사날레스

수공예 보석

muñeca tradicional
무녜까 뜨라디씨오날

전통 인형

Día 051

구입 정보 문의

새 제품인가요, 아니면 진열품인가요?

¿Es nuevo o de exposición?

에스 누에보 오 데 엑스뽀시씨온?

이 제품에 보증서가 포함되어 있나요?

¿Incluye garantía este producto?

인끌루예 가란띠아 에스떼 쁘로둑또?

만약 고장 나면 교환할 수 있나요?

¿Puedo cambiarlo si se estropea?

뿌에도 깜비아를로 시 세 에스뜨로뻬아?

배송도 해 주시나요?

¿Ofrecen servicio de envío?

오프레쎈 세르비씨오 데 엔비오?

네, 추가 요금으로 가능합니다.

Sí, con un costo adicional.

시, 꼰 운 꼬스또 아디씨오날.

재고가 있나요?

¿Tiene existencias?

띠에네 엑시스뗀씨아스?

이 색으로 다른 디자인도 있나요?

¿Hay otro diseño en este mismo color?

아이 오뜨로 디세뇨 엔 에스떼 미스모 꼴로르?

포인트 적립도 가능한가요?

¿Puedo acumular puntos con esta compra?

뿌에도 아꾸물라르 뿐또스 꼰 에스따 꼼쁘라?

이 상품은 어디서 받을 수 있나요?

¿Dónde puedo recoger el producto?

돈데 뿌에도 레꼬헤르 엘 쁘로둑또?

Día 052
계산하기

계산하고 싶어요.

Quisiera pagar, por favor.

끼시에라 빠가르, 뽀르 파보르.

이거 계산해 주시겠어요?

¿Me puede cobrar esto, por favor?

메 뿌에데 꼬브라르 에스또, 뽀르 파보르?

총 얼마인가요?

¿Cuánto es en total?

꽌또 에스 엔 또딸?

현금으로 낼게요.

Pago en efectivo.

빠고 엔 에펙띠보.

카드 결제는 어디에 꽂으면 되나요?

¿Dónde inserto la tarjeta?

돈데 인세르또 라 따르헤따?

부가세(VAT)가 포함되어 있나요?

¿El precio incluye el IVA?

엘 쁘레씨오 인끌루예 엘 이바?

Tip IVA는 Impuesto sobre el Valor Añadido 임뿌에스또 소브레 엘 발로르 아나디도, 즉 '부가가치세'를 뜻합니다. 스페인과 라틴 아메리카에서는 부가가치세의 긴 단어를 모두 말할 수도 있지만, 약자인 '이바'라고 읽어 주는 것이 일반적입니다.

면세 환급이 가능한가요?

¿Puedo solicitar la devolución del IVA?

뿌에도 솔리씨따르 라 데볼루씨온 델 이바?

이메일로 영수증 받을 수 있을까요?

¿Puedo recibir el recibo por correo electrónico?

뿌에도 레씨비르 엘 레씨보 뽀르 꼬레오 엘렉뜨로니꼬?

거스름돈이 잘못된 것 같아요.

Creo que el cambio está incorrecto.

끄레오 께 엘 깜비오 에스따 인꼬렉또.

Día 053

환불하기

영수증을 잃어버렸는데 환불 가능한가요?

Perdí el recibo, ¿puedo devolverlo igualmente?

빼르디 엘 레씨보, 뿌에도 데볼베를로 이구알멘떼?

죄송하지만, 영수증 없이는 환불이 어렵습니다.

Lo siento, sin recibo no es posible hacer la devolución.

로 시엔또, 신 레씨보 노 에스 뽀시블레 아쎄르 라 데볼루씨온.

환불은 언제까지 가능한가요?

¿Hasta cuándo puedo hacer la devolución?

아스따 꽌도 뿌에도 아쎄르 라 데볼루씨온?

환불 이유를 말씀드려야 하나요?

¿Necesito explicar el motivo de la devolución?

네쎄시또 엑스쁠리까르 엘 모띠보 데 라 데볼루씨온?

제품에 문제가 있어요.

El producto tiene un defecto.

엘 쁘로둑또 띠에네 운 데펙또.

환불은 얼마나 걸리나요?

¿Cuánto tarda el reembolso?

꽌또 따르다 엘 레엠볼소?

환불 영수증을 받을 수 있을까요?

¿Puedo tener un comprobante de la devolución?

뿌에도 떼네르 운 꼼쁘로반떼 데 라 데볼루씨온?

환불 금액이 맞는지 확인할 수 있을까요?

¿Puedo verificar el monto del reembolso?

뿌에도 베리피까르 엘 몬또 델 레엠볼소?

14일 이내에 가능합니다.

Tiene catorce días para devolverlo.

띠에네 까또르쎄 디아스 빠라 데볼베를로.

Día 054

교환 · 반품

이 제품으로 바꾸고 싶어요.

Quisiera cambiarlo por este otro.

끼**시**에라 깜비**아**를로 뽀르 **에**스떼 **오**뜨로.

제품을 사용하지 않았어요.

No lo he usado.

노 로 에 우**사**도.

교환은 바로 가능한가요?
¿Puedo hacer el cambio ahora mismo?
뿌에도 아쎄르 엘 깜비오 아오라 미스모?

다른 디자인으로 바꿀 수 있을까요?
¿Puedo cambiarlo por otro modelo?
뿌에도 깜비아를로 뽀르 오뜨로 모델로?

네, 재고가 있으면 가능합니다.
Sí, si hay existencias, es posible.
시, 시 아이 엑시스뗀씨아스, 에스 뽀시블레.

환불보다는 교환하고 싶어요.
Prefiero un cambio en lugar de la devolución.
쁘레피에로 운 깜비오 엔 루가르 데 라 데볼루씨온.

영수증이 있어야 교환할 수 있나요?
¿Necesito el recibo para hacer el cambio?
네쎄시또 엘 레씨보 빠라 아쎄르 엘 깜비오?

세일 상품도 교환이 되나요?
¿Se pueden cambiar los artículos en rebajas?
세 뿌에덴 깜비아르 로스 아르띠꿀로스 엔 레바하스?

다른 매장에서 산 것도 여기서 교환 가능한가요?
¿Puedo cambiar aquí un producto comprado en otra tienda?
뿌에도 깜비아르 아끼 운 쁘로둑또 꼼쁘라도 엔 오뜨라 띠엔다?

Día 055

포장 요청

단단히 포장해 주세요.

Envuélvalo bien, por favor.

엔부엘발로 비엔, 뽀르 파보르.

각각 따로 포장해 주실 수 있을까요?

¿Podría envolverlos por separado?

뽀드리아 엔볼베를로스 뽀르 세빠라도?

여러 개를 한 봉지에 같이 넣어 주세요.

Póngalos todos en una bolsa, por favor.

뽄갈로스 또도스 엔 우나 볼사, 뽀르 파보르.

뽁뽁이로 싸 주세요.

Envuélvalo con plástico de burbujas.

엔부엘발로 꼰 쁠라스띠꼬 데 부르부하스.

선물용 쇼핑백도 받을 수 있을까요?

¿Puedo tener una bolsa para regalo también?

뿌에도 떼네르 우나 볼사 빠라 레갈로 땀비엔?

기념품이라 예쁘게 포장해 주세요.

Es un recuerdo, por favor, envuélvalo bonito.

에스 운 레꾸에르도, 뽀르 파보르, 엔부엘발로 보니또.

포장하는 데 시간이 얼마나 걸릴까요?

¿Cuánto tiempo tarda en envolverlo?

꽌또 띠엠뽀 따르다 엔 엔볼베를로?

이건 제 가방에 넣을 거라, 포장은 필요 없어요.

Lo voy a meter en mi bolso, no hace falta envolverlo.

로 보이 아 메떼르 엔 미 볼소, 노 아쎄 팔따 엔볼베를로.

감사합니다, 정말 예쁘게 포장해 주셨네요.

Gracias, quedó muy bonito el envoltorio.

그라씨아스, 께도 무이 보니또 엘 엔볼또리오.

Parte 5

관광 즐기기

여행스페인어 필수 단어

turismo 뚜리스모 관광	**protector solar** 쁘로떽또르 솔라르 선크림
guía 기아 가이드	**fiesta** 피에스따 축제, 파티
mapa 마빠 지도	**desfile** 데스필레 퍼레이드
oficina de turismo 오피씨나 데 뚜리스모 관광 안내소	**baile** 바일레 춤
entrada 엔뜨라다 입장권	**foto** 포또 사진

museo
무세오
박물관

recuerdo
레꾸에르도
기념품

corrida de toros
꼬리다 데 또로스
투우장

catedral
까떼드랄
성당

playa
쁠라야
해변

mar
마르
바다

entrada gratuita
엔뜨라다 그라뚜이따
무료 입장

monumento
모누멘또
기념물

paisaje
빠이사헤
경치

horario de visita
오라리오 데 비시따
관람 시간

Día 056

거리 · 시간

기차로 얼마나 걸려요?

¿Cuánto se tarda en tren?

꽌또 세 따르다 엔 뜨렌?

시내 중심까지 거리가 얼마나 되나요?

¿Qué distancia hay hasta el centro?

께 디스딴씨아 아이 아스따 엘 쎈뜨로?

도보로 10분이라고 하셨죠?

¿Dijo que eran diez minutos a pie?

디호 께 에란 디에쓰 미누또스 아 삐에?

네, 바로 그 정도예요.

Sí, más o menos.

시. 마스 오 메노스.

여긴 역에서 가까운가요?

¿Está cerca de la estación?

에스따 쎄르까 데 라 에스따씨온?

걸어서 갈 수 있나요?

¿Se puede ir caminando?

세 뿌에데 이르 까미난도?

여기서 걸어서 광장까지 갈 수 있나요?

¿Puedo ir caminando hasta la plaza?

뿌에도 이르 까미난도 아스따 라 쁠라싸?

교통이 막힐 때 공항까지 얼마나 걸릴까요?

¿Cuánto se tarda hasta el aeropuerto con tráfico?

꽌또 세 따르다 아스따 엘 아에로뿌에르또 꼰 뜨라피꼬?

역에서 호텔까지 거리가 얼마나 되나요?

¿Qué distancia hay desde la estación hasta el hotel?

께 디스딴씨아 아이 데스데 라 에스따씨온 아스따 엘 오뗄?

Día 057

여행 상품 문의 I

스페인 국내 여행 상품을 알아보려고 해요.

Quisiera información sobre viajes dentro de España.

끼시에라 인포르마씨온 소브레 비아헤스 덴뜨로 데 에스빠냐.

네, 어떤 지역에 관심이 있으세요?

Sí, ¿qué destino le interesa?

시, 께 데스띠노 레 인떼레사?

세비야나 그라나다 같은 남부 도시도 포함되나요?

¿Incluye ciudades del sur como Sevilla o Granada?

인끌**루**예 씨우**다**데스 델 수르 **꼬**모 세**비**야 오 그라**나**다?

호텔은 몇 성급인가요?

¿Qué categoría de hotel está incluida?

께 까떼고**리**아 데 오**뗄** 에스**따** 인끌**루이**다?

한국어 가이드가 있나요?

¿Hay guía en coreano?

아이 **기**아 엔 꼬레**아**노?

자유 시간도 충분히 있나요?

¿Hay suficiente tiempo libre durante el tour?

아이 수피**씨엔**떼 **띠엠**뽀 **리**브레 **두**란떼 엘 뚜르?

산티아고 순례길 투어도 있나요?

¿Tienen viajes al Camino de Santiago?

띠에넨 **비아**헤스 알 까**미**노 데 산띠**아**고?

FC 바르셀로나 축구 경기 포함 상품이 있나요?

¿Hay paquetes que incluyan un partido del FC Barcelona?

아이 빠**께**떼스 께 인**끌루**얀 운 빠르**띠**도 델 **에**페 쎄 바르셀**로**나?

Tip FC 바르셀로나 팀 이름은 일상회화에서 보통 el Barça 엘 **바**르사로 더 많이 불립니다. 뉴스나 공식 방송에서는 efe ce Barcelona **에**페 쎄 바르셀**로**나라고 읽거나 Fútbol Club Barcelona **풋**볼 **끌룹** 바르셀**로**나라고 풀어서 말해 주기도 합니다.

투어 최소 인원은 몇 명인가요?

¿Cuál es el número mínimo de participantes?

꾸알 에스 엘 **누**메로 **미**니모 데 빠르띠씨**빤**떼스?

Día 058

여행 상품 문의 II

남미 여행 상품을 알아보고 싶어요.

Quisiera información sobre viajes por América Latina.

끼시에라 인포르마씨온 소브레 비아헤스 뽀르 아메리까 라띠나.

멕시코 유적지를 방문하는 상품이 있나요?

¿Hay paquetes para visitar las ruinas de México?

아이 빠께떼스 빠라 비시따르 라스 루이나스 데 메히꼬?

페루와 볼리비아를 포함한 투어가 있나요?
¿Tienen un tour que incluya Perú y Bolivia?
띠에넨 운 뚜르 께 인끌루야 뻬루 이 볼리비아?

아르헨티나와 칠레를 함께 여행할 수 있나요?
¿Se puede viajar por Argentina y Chile en un mismo paquete?
세 뿌에데 비아하르 뽀르 아르헨띠나 이 칠레 엔 운 미스모 빠께떼?

일정 변경은 가능한가요?
¿Se puede modificar el itinerario?
세 뿌에데 모디피까르 엘 이띠네라리오?

결제는 달러로도 가능할까요?
¿Puedo pagar en dólares?
뿌에도 빠가르 엔 돌라레스?

투어 중 쇼핑 일정도 있나요?
¿Hay tiempo para compras durante el tour?
아이 띠엠뽀 빠라 꼼쁘라스 두란떼 엘 뚜르?

현지 이동은 버스로 하나요?
¿El transporte dentro del país es en autobús?
엘 뜨란스뽀르떼 덴뜨로 델 빠이스 에스 엔 아우또부스?

비자나 예방 접종이 필요한가요?
¿Se necesita visa o vacunas para este viaje?
세 네쎄시따 비사 오 바꾸나스 빠라 에스떼 비아헤?

Día 059
관광 정보 묻기 I

근처에 맛집 추천해 주실 수 있나요?

¿Podría recomendarme algún buen restaurante cerca de aquí?

뽀드리아 레꼬멘다르메 알군 부엔 레스따우란떼 쎄르까 데 아끼?

네, 아주 맛있는 타파스 바가 근처에 하나 있어요.

Sí, hay un bar de tapas muy bueno al lado.

시, 아이 운 바르 데 따빠스 무이 부에노 알 라도.

마드리드에서 꼭 가 봐야 할 곳이 어디인가요?

¿Qué lugares imprescindibles hay que visitar en Madrid?

께 루가레스 임쁘레씬디블레스 아이 께 비시따르 엔 마드릿?

프라도 미술관과 레티로 공원은 꼭 가 보세요.

Le recomiendo el Museo del Prado y el Parque del Retiro.

레 레꼬미엔도 엘 무세오 델 쁘라도 이 엘 빠르께 델 레띠로.

무료로 입장할 수 있는 명소가 있나요?

¿Hay lugares famosos con entrada gratuita?

아이 루가레스 파모소스 꼰 엔뜨라다 그라뚜이따?

톨레도 관광 지도를 받을 수 있을까요?

¿Puedo tener un mapa turístico de Toledo?

뿌에도 떼네르 운 마빠 뚜리스띠꼬 데 똘레도?

시내 투어 버스는 어디서 타요?

¿Dónde se toma el autobús turístico?

돈데 세 또마 엘 아우또부스 뚜리스띠꼬?

관광 안내소는 몇 시까지 열어요?

¿Hasta qué hora está abierta la oficina de turismo?

아스따 께 오라 에스따 아비에르따 라 오피씨나 데 뚜리스모?

주요 명소를 도보로 다닐 수 있을까요?

¿Se puede recorrer los principales lugares a pie?

세 뿌에데 레꼬레르 로스 쁘린씨빨레스 루가레스 아 삐에?

공연이나 축제가 있나요?

¿Hay algún espectáculo o festival en estos días?

아이 알군 에스뻭따꿀로 오 페스띠발 엔 에스또스 디아스?

네, 오늘 밤에 플라멩코 공연이 있습니다.

Sí, esta noche hay un espectáculo de flamenco.

시, 에스따 노체 아이 운 에스뻭따꿀로 데 플라멩꼬.

Día 060

관광 정보 묻기 II

부에노스 아이레스에서 탱고 공연을 볼 수 있는 곳은 어디인가요?

¿Dónde puedo ver un espectáculo de tango en Buenos Aires?

돈데 뿌에도 베르 운 에스뻭따꿀로 데 땅고 엔 부에노스 아이레스?

라 보카 지구의 카페에서 매일 공연이 있습니다.

En el barrio de La Boca, hay espectáculos diarios.

엔 엘 바리오 데 라 보까, 아이 에스뻭따꿀로스 디아리오스.

고산병을 예방하려면 어떻게 해야 하나요?

¿Qué puedo hacer para prevenir el mal de altura?

께 뿌에도 아세르 빠라 쁘레베니르 엘 말 데 알뚜라?

스페인어를 잘 못하는데, 영어로 투어 가능할까요?

No hablo bien español, ¿hay tours en inglés?

노 아블로 비엔 에스빠뇰, 아이 뚜르스 엔 잉글레스?

칠레 와이너리 방문이 가능할까요?

¿Se pueden visitar las bodegas en Chile?

세 뿌에덴 비시따르 라스 보데가스 엔 칠레?

네, 산티아고 근처에 투어가 있습니다.

Sí, hay tours cerca de Santiago.

시, 아이 뚜르스 쎄르까 데 산띠아고.

현지 안전은 어떤가요?

¿Qué tal la seguridad en la zona?

께 딸 라 세구리닷 엔 라 쏘나?

관광지에서는 안전하지만, 밤에는 조심하세요.

Es segura, pero evite salir de noche.

에스 세구라, 뻬로 에비떼 살리르 데 노체.

현지 통화는 어디서 바꿀 수 있나요?

¿Dónde puedo cambiar dinero local?

돈데 뿌에도 깜비아르 디네로 로깔?

스페인 대표 여행지

Madrid

마드리드

Barcelona

바르셀로나

Sevilla

세비야

Granada

그라나다

Ibiza

이비자

San Sebastián

산 세바스티안

Día 061

박물관 · 미술관에서

여기서 사진 찍어도 되나요?
¿Se pueden sacar fotos aquí?
세 **뿌에**덴 사**까**르 **포**또스 아**끼**?

네, 그렇지만 플래시는 꺼 주세요.
Sí, pero sin flash, por favor.
시, **뻬**로 신 플라시, 뽀르 파**보**르.

입장료는 얼마인가요?
¿Cuánto cuesta la entrada?
꽌또 **꾸에**스따 라 엔뜨**라**다?

학생 할인도 있나요?
¿Hay descuento para estudiantes?
아이 데스**꾸엔**또 **빠**라 에스뚜**디안**떼스?

한국어 오디오 가이드가 있나요?

¿Tienen audioguías disponibles en coreano?

띠에넨 아우디오기아스 디스뽀니블레스 엔 꼬레아노?

게르니카 그림은 어느 전시실에 있나요?

¿En qué sala está el cuadro Guernica?

엔 께 살라 에스따 엘 꽈드로 게르니까?

레이나 소피아 미술관 2층 206호 전시실에 있습니다.

Está en la Sala 206, en la segunda planta.

에스따 엔 라 살라 도스씨엔또스 세이스, 엔 라 세군다 쁠란따.

입장권으로 재입장도 가능한가요?

¿Se puede volver a entrar con la misma entrada?

세 뿌에데 볼베르 아 엔뜨라르 꼰 라 미스마 엔뜨라다?

박물관 무료 입장은 언제인가요?

¿Cuándo es la entrada gratuita al museo?

꽌도 에스 라 엔뜨라다 그라뚜이따 알 무세오?

매주 일요일 오후 5시부터에요.

Los domingos por la tarde, desde las cinco.

로스 도밍고스 뽀르 라 따르데, 데스데 라스 씬꼬.

오후에 무료로 입장할 수 있나요?

¿Se puede entrar gratis por la tarde?

세 뿌에데 엔뜨라르 그라띠스 뽀르 라 따르데?

Día 062
성당에서

실례합니다, 이 교회는 몇 시까지 열려 있나요?

Disculpe, ¿hasta qué hora está abierta la iglesia?

디스꿀뻬, 아스따 께 오라 에스따 아비에르따 라 이글레시아?

성당 입장은 무료인가요?

¿La entrada a la catedral es gratuita?

라 엔뜨라다 알 라 까떼드랄 에스 그라뚜이따?

기부금은 자율입니다.

La donación es voluntaria.

라 도나씨**온** 에스 볼룬**따**리아.

미사 중에는 관람이 제한되나요?

¿Está restringida la visita durante la misa?

에스**따** 레스뜨링**히**다 라 비**시**따 두**란**떼 라 **미**사?

네, 그 시간에는 조용히 머물러 주세요.

Sí, durante la misa se pide silencio.

시, 두**란**떼 라 **미**사 세 **삐**데 실**렌**씨오.

양초를 켜도 되나요?

¿Puedo encender una vela?

뿌에도 엔쎈**데**르 우나 **벨**라?

교회 안에서 기도해도 될까요?

¿Puedo rezar dentro de la iglesia?

뿌에도 레**싸**르 **덴**뜨로 데 라 이글**레**시아?

미사 일정표를 볼 수 있을까요?

¿Puedo ver el horario de las misas?

뿌에도 베르 엘 오**라**리오 데 라스 **미**사스?

정말 아름다운 성당이네요.

Es una catedral preciosa.

에스 **우**나 까떼드**랄** 쁘레씨**오**사.

Día 063
해변에서

파라솔을 빌릴 수 있을까요?
¿Puedo alquilar una sombrilla?
뿌에도 알낄라르 우나 솜브리야?

네, 하루에 5유로입니다.
Sí, cuesta cinco euros por día.
시, 꾸에스따 씬꼬 에우로스 뽀르 디아.

정말 멋진 해변이에요!
¡Qué playa tan bonita!
께 쁠라야 딴 보니따!

오늘 해수욕 가능할까요?
¿Se puede nadar hoy?
세 뿌에데 나다르 오이?

수영 금지 구역은 어디인가요?

¿Dónde está la zona prohibida para nadar?

돈데 에스따 라 쏘나 쁘로이비다 빠라 나다르?

빨간 깃발이 있는 곳은 들어가면 안 됩니다.

Donde vea la bandera roja, está prohibido bañarse.

돈데 베아 라 반데라 로하, 에스따 쁘로이비도 바냐르세.

물놀이용 튜브를 빌릴 수 있나요?

¿Puedo alquilar un flotador?

뿌에도 알낄라르 운 플로따도르?

선베드를 빌릴 수 있나요?

¿Puedo alquilar una tumbona?

뿌에도 알낄라르 우나 뚬보나?

해변 근처에 화장실 있나요?

¿Hay baños cerca de la playa?

아이 바뇨스 쎄르까 데 라 쁠라야?

샤워 시설이 있나요?

¿Hay duchas en la playa?

아이 두차스 엔 라 쁠라야?

아이들이 놀기에 안전한가요?

¿Es segura la playa para los niños?

에스 세구라 라 쁠라야 빠라 로스 니뇨스?

Día 064

투우장에서

오늘 투우 경기가 있나요?

¿Hay corrida de toros hoy?

아이 꼬리다 데 또로스 오이?

네, 오후 6시에 시작합니다.

Sí, empieza a las seis de la tarde.

시, 엠삐에싸 알 라스 세이스 데 라 따르데.

투우장 입구가 어디인가요?

¿Dónde está la entrada de la plaza de toros?

돈데 에스따 라 엔뜨라다 데 라 쁠라싸 데 또로스?

투우가 처음이라 잘 몰라요.

Es mi primera vez en una corrida, no sé mucho.

에스 미 쁘리메라 베쓰 엔 우나 꼬리다, 노 세 무초.

투우 관람 시간이 어느정도 되나요?

¿Cuánto dura una corrida?

꽌또 두라 우나 꼬리다?

보통 두 시간 정도입니다.

Normalmente unas dos horas.

노르말멘떼 우나스 도스 오라스.

해가 가려지는 좌석으로 주세요.

Quisiera un asiento en la sombra, por favor.

끼시에라 운 아시엔또 엔 라 솜브라, 뽀르 파보르.

Tip 스페인 투우장의 좌석은 sombra(그늘)석과 sol(햇볕)석으로 나뉩니다. 한낮의 뜨거운 태양 아래 열리는 투우에서 sombra석은 보기 편하고 인기 높은 만큼 가격이 훨씬 비싼 반면 sol석은 가격이 저렴한 대신 직사광선을 그대로 받을 수 있습니다. 좌석은 위치에 따라 barrera(가장 아래, 투우장과 가장 가까운 곳), tendido(중간 구역), grada(상단석) 등으로 나뉩니다.

가방이나 음료를 들고 들어갈 수 있나요?

¿Se puede entrar con mochilas o bebidas?

세 뿌에데 엔뜨라르 꼰 모칠라스 오 베비다스?

물만 가능합니다. 다른 음식은 금지예요.

Solo agua, la comida no está permitida.

솔로 아구아, 라 꼬미다 노 에스따 페르미띠다.

좌석 번호는 어디서 확인하나요?

¿Dónde puedo ver el número de mi asiento?

돈데 뿌에도 베르 엘 누메로 데 미 아시엔또?

정말 인상 깊은 경험이었어요.

Ha sido una experiencia impresionante.

아 시도 우나 엑스뻬리엔씨아 임쁘레시오난떼.

Día 065

공연 예약・관람하기 (플라멘코)

안녕하세요, 오늘 플라멩코 공연 있나요?

Hola, ¿hay espectáculo de flamenco hoy?

올라, 아이 에스뻭따꿀로 데 플라멩꼬 오이?

좌석은 지정석인가요?

¿Los asientos son numerados?

로스 아시엔또스 손 누메라도스?

무대 가까운 자리로 부탁드려요.

Quisiera un asiento cerca del escenario, por favor.

끼시에라 운 아시엔또 쎄르까 델 에쎄나리오, 뽀르 파보르.

네, 앞줄에 자리 하나 남아 있습니다.

Sí, queda uno en la primera fila.

시, 께다 우노 엔 라 쁘리메라 필라.

입장은 공연 몇 분 전에 시작하나요?

¿A qué hora se puede entrar al espectáculo?

아 께 오라 세 뿌에데 엔뜨라르 알 에스뻭따꿀로?

음료는 공연 시작 전에 주문해야 하나요?

¿Hay que pedir la bebida antes del espectáculo?

아이 께 뻬디르 라 베비다 안떼스 델 에스뻭따꿀로?

네, 시작 전에 주문하시면 자리로 가져다 드립니다.

Sí, se sirve antes de empezar.

시, 세 시르베 안떼스 데 엠뻬싸르.

공연 후 사진 촬영 가능할까요?

¿Puedo hacer fotos después del espectáculo?

뿌에도 아쎄르 포또스 데스뿌에스 델 에스뻭따꿀로?

의상이랑 음악이 정말 멋졌어요!

¡Los trajes y la música son maravillosos!

로스 뜨라헤스 이 라 무시까 손 마라비요소스!

Día 066

스포츠 예약・관람하기 (축구)

지금 몇 대 몇인가요?

¿Cómo va el marcador ahora?

꼬모 바 엘 마르까도르 아오라?

2 대 1로 홈팀이 이기고 있어요.

Va dos a uno, gana el equipo local.

바 도스 아 우노, 가나 엘 에끼뽀 로깔.

입장권은 어디서 살 수 있나요?

¿Dónde puedo comprar las entradas?

돈데 뿌에도 꼼쁘라르 라스 엔뜨라다스?

온라인이나 경기장 매표소에서 구매할 수 있습니다.

Puede comprarlas en línea o en la taquilla del estadio.

뿌에데 꼼쁘라를라스 엔 리네아 오 엔 라 따끼야 델 에스따디오.

두 장 예약하고 싶은데, 인접한 자리로 가능할까요?
Quisiera reservar dos asientos juntos, por favor.
끼시에라 레세르바르 도스 아시엔또스 훈또스, 뽀르 파보르.

오늘 축구 경기 있나요?
¿Hay partido de fútbol hoy?
아이 빠르띠도 데 풋볼 오이?

네, 레알 마드리드와 바르사의 경기가 있습니다.
Sí, hay un partido entre el Real Madrid y el Barça.
시, 아이 운 빠르띠도 엔뜨레 엘 레알 마드릿 이 엘 바르사.

선수 교체가 일어났나요?
¿Hubo un cambio de jugador?
우보 운 깜비오 데 후가도르?

같이 응원해요!
¡Animemos juntos!
아니메모스 훈또스!

구단 기념품은 어디서 살 수 있나요?
¿Dónde puedo comprar recuerdos del equipo?
돈데 뿌에도 꼼쁘라르 레꾸에르도스 델 에끼뽀?

경기 종료 후에 잠시 머물 수 있나요?
¿Podemos quedarnos un rato después del partido?
뽀데모스 께다르노스 운 라또 데스뿌에스 델 빠르띠도?

중남미 대표 여행지

Machu Picchu, Perú

마추픽추 (페루)

Catarata de Iguazú, Argentina/Paraguay

이과수 폭포 (아르헨티나, 파라과이)

Salar de Uyuni, Bolivia

우유니 소금 사막 (볼리비아)

Ciudad de México

멕시코시티

Patagonia

파타고니아

Islas Galápagos

갈라파고스 제도

Día 067

축제에서 I

축제가 언제 시작하나요?

¿Cuándo empieza la fiesta?

꽌도 엠삐에싸 라 피에스따?

오후 9시에 불꽃놀이로 시작합니다.

Empieza a las nueve con fuegos artificiales.

엠삐에싸 알 라스 누에베 꼰 푸에고스 아르띠피씨알레스.

사람들이 전통 의상을 입었네요!

¡Todos llevan trajes tradicionales!

또도스 예반 뜨라헤스 뜨라디씨오날레스!

토마토를 던져도 되나요?

¿Se puede lanzar tomates?

세 뿌에데 란싸르 또마떼스?

네, 하지만 사람의 얼굴은 피하세요.

Sí, pero evite lanzar a la cara.

시, 뻬로 에비떼 란싸르 알 라 까라.

산 페르민 축제의 엔시에로(황소 달리기)는 위험하지 않나요?

¿No es peligroso el encierro de San Fermín?

노 에스 뻴리그로소 엘 엔씨에로 데 산 페르민?

네, 조심해야 해요. 소가 진짜 달려요.

Sí, hay que tener cuidado, los toros corren de verdad.

시, 아이 께 떼네르 꾸이다도, 로스 또로스 꼬렌 데 베르닷.

너무 인파가 많아요!

¡Hay demasiada gente!

아이 데마시아다 헨떼!

내년에 또 올 거예요!

¡Volveré el próximo año!

볼베레 엘 쁘록시모 아뇨!

Día 068

축제에서 II

죽은자의 날 축제는 언제 열리나요?

¿Cuándo se celebra el Día de los Muertos?

꽌도 세 쎌**레**브라 엘 **디**아 데 로스 **무에**르또스?

해골 그림이 정말 많네요!

¡Hay muchas calaveras!

아이 **무**차스 깔라**베**라스!

퍼레이드는 어디서 시작하나요?

¿Dónde empieza el desfile?

돈데 엠삐에싸 엘 데스필레?

전통 음악이 정말 흥겹네요!

¡Qué alegre es la música tradicional!

께 알레그레 에스 라 무시까 뜨라디씨오날!

전통 의상을 입어보고 싶은데 어디서 빌릴 수 있을까요?

¿Dónde puedo alquilar un traje típico para probarlo?

돈데 뿌에도 알낄라르 운 뜨라헤 띠삐꼬 빠라 쁘로바를로?

얼굴에 그린 무늬가 멋지네요!

¡Qué bonito el maquillaje en su cara!

께 보니또 엘 마끼야헤 엔 수 까라!

저기 체험 부스에서 해 드려요.

En aquel puesto se lo hacen.

엔 아껠 뿌에스또 세 로 아쎈.

사람들이 정말 친절하네요!

¡La gente aquí es muy amable!

라 헨떼 아끼 에스 무이 아마블레!

정말 신나는 축제예요!

¡Qué fiesta tan divertida!

께 피에스따 딴 디베르띠다!

Día 069

사진 촬영 I

(사진 부탁하고 응답하기)

사진 좀 찍어 주시겠어요?

¿Podría sacarme una foto, por favor?

뽀드리아 사까르메 우나 포또, 포르 파보르?

저희 좀 같이 찍어 주시겠어요?

¿Puede tomarnos una foto juntos?

뿌에데 또마르노스 우나 포또 훈또스?

물론이에요, 어디서 찍을까요?

Claro, ¿dónde quiere que la tome?

끌라로, 돈데 끼에레 께 라 또메?

저쪽 배경으로 찍고 싶어요.

Quisiera que salga este paisaje de fondo.

끼시에라 께 살가 에스떼 빠이사헤 데 폰도.

사진이 흔들린 것 같아요.

Creo que salió movida.

끄레오 께 살리오 모비다.

한 장만 더 부탁드려요.

¿Podría sacar otra, por favor?

뽀드리아 사까르 오뜨라, 뽀르 파보르?

조금 더 가까이 찍어 주세요.

Un poco más cerca, por favor.

운 뽀꼬 마스 쎄르까, 뽀르 파보르.

혹시 저도 찍어 드릴까요?

¿Quiere que le saque una foto también?

끼에레 께 레 사께 우나 포또 땀비엔?

정말 잘 나왔어요.

Ha salido muy bien.

아 살리도 무이 비엔.

Día 070

사진 촬영 II
(사진 촬영 허가 구하기)

여기서 사진 찍어도 되나요?

¿Está permitido sacar fotos aquí?

에스따 뻬르미띠도 사까르 포또스 아끼?

아니요, 내부 촬영은 금지입니다.

No, está prohibido tomar fotos en el interior.

노, 에스따 쁘로이비도 또마르 포또스 엔 엘 인떼리오르.

플래시 없이 찍는 건 괜찮나요?

¿Puedo hacerlo sin flash?

뿌에도 아쎄를로 신 플라시?

미안해요, 촬영 금지인 줄 몰랐어요.

Perdón, no sabía que estaba prohibido.

뻬르돈, 노 사비아 께 에스따바 쁘로이비도.

혹시 셀카봉 사용해도 되나요?

¿Puedo usar un palo para selfies?

뿌에도 우사르 운 빨로 빠라 셀피스?

아이들 사진을 찍어도 될까요?

¿Puedo sacar fotos de los niños?

뿌에도 사까르 포또스 데 로스 니뇨스?

사진 찍는 게 방해가 되나요?

¿Le molesta si tomo una foto?

레 몰레스따 시 또모 우나 포또?

박물관에서는 왜 사진을 못 찍나요?

¿Por qué no se puede sacar fotos en el museo?

뽀르 께 노 세 뿌에데 사까르 포또스 엔 엘 무세오?

플래시가 작품을 손상시킬 수 있기 때문이에요.

Porque el flash puede dañar las obras.

뽀르께 엘 플라시 뿌에데 다냐르 라스 오브라스.

Parte 6

음식 주문하기

여행스페인어 필수 단어

menú 메누 메뉴	**agua** 아구아 물
plato 쁠라또 음식, 접시	**cerveza** 쎄르베싸 맥주
aperitivo 아뻬리띠보 애피타이저	**botella** 보떼야 병
postre 뽀스뜨레 후식	**copa** 꼬빠 잔
bebida 베비다 음료	**cubiertos** 꾸비에르또스 식기(포크, 나이프, 스푼 등)

servilleta
세르비**예**따
냅킨

cuenta
꾸엔따
계산서

camarero(-a)
까마**레**로(라)
종업원

pedir
뻬**디**르
주문하다

comida
꼬**미**다
음식

para llevar
빠라 예**바**르
포장

ensalada
엔살**라**다
샐러드

para comer aquí
빠라 꼬**메**르 아**끼**
매장 내 식사

carne
까르네
고기

salsa
살사
소스

Día 071
음식점 예약

오늘 저녁 예약 가능할까요?

¿Tienen mesa disponible para esta noche?

띠에넨 메사 디스뽀니블레 빠라 에스따 노체?

네, 몇 분이세요?

Sí, ¿para cuántas personas?

시, 빠라 꽌따스 뻬르소나스?

혹시 테라스 자리로 부탁드릴 수 있을까요?

¿Podría ser en la terraza, por favor?

뽀드리아 세르 엔 라 떼라싸, 뽀르 파보르?

오늘은 예약이 꽉 찼어요.

Está todo reservado para hoy.

에스따 또도 레세르바도 빠라 오이.

혹시 오늘 대기 예약 가능할까요?

¿Puedo anotarme en la lista de espera para hoy?

뿌에도 아노따르메 엔 라 리스따 데 에스뻬라 빠라 오이?

김민수로 예약해 주세요.

A nombre de Kim Min-su, por favor.

아 놈브레 데 김민수, 뽀르 파보르.

예약 취소는 언제까지 가능할까요?

¿Hasta cuándo puedo cancelar la reserva?

아스따 꽌도 뿌에도 깐쎌라르 라 레세르바?

실내 자리와 야외 자리 중 어디가 더 조용한가요?

¿Qué zona es más tranquila, dentro o fuera?

께 쏘나 에스 마스 뜨랑낄라, 덴뜨로 오 푸에라?

감사합니다, 그럼 8시로 예약할게요.

Gracias, entonces reservo a las ocho.

그라씨아스, 엔똔쎄스 레세르보 아 라스 오초.

Día 072
음식점 앞에서

김민수로 예약했어요.

Tengo una reserva a nombre de Kim Min-su.

뗑고 우나 레세르바 아 놈브레 데 김민수.

네, 두 분이시죠?

Sí, dos personas, ¿verdad?

시, 도스 뻬르소나스, 베르닷?

예약 확인 부탁드려요.

¿Podría confirmar mi reserva, por favor?

뽀드리아 꼰피르마르 미 레세르바, 뽀르 파보르?

예약 없이 들어가도 될까요?

¿Podemos entrar sin reserva?

뽀데모스 엔뜨라르 신 레세르바?

네, 조금만 기다려 주세요.

Sí, espere un momento, por favor.

시, 에스뻬레 운 모멘또, 뽀르 파보르.

몇 분 정도 기다려야 하나요?

¿Cuánto tiempo hay que esperar?

꽌또 띠엠뽀 아이 께 에스뻬라르?

밖에서 잠시 기다려도 괜찮을까요?

¿Podemos esperar afuera?

뽀데모스 에스뻬라르 아푸에라?

메뉴를 미리 볼 수 있을까요?

¿Podemos ver el menú antes de entrar?

뽀데모스 베르 엘 메누 안떼스 데 엔뜨라르?

테이크아웃도 가능한가요?

¿Hacen comida para llevar?

아쎈 꼬미다 빠라 예바르?

Día 073

주문 준비

메뉴판 좀 주시겠어요?

¿Podría traerme el menú, por favor?

뽀드리아 뜨라에르메 엘 메누, 뽀르 파보르?

와인 리스트를 볼 수 있을까요?

¿Podría ver la carta de vinos?

뽀드리아 베르 라 까르따 데 비노스?

일행이 아직 안 왔어요, 조금만 기다릴게요.

Mi acompañante aún no ha llegado, esperaré un poco.

미 아꼼빠냔떼 아운 노 아 예가도, 에스뻬라레 운 뽀꼬.

괜찮습니다, 준비되시면 알려 주세요.

Está bien, avíseme cuando esté listo.

에스따 비엔, 아비세메 꽌도 에스떼 리스또.

아직 고민 중이에요, 조금만 더 볼게요.

Todavía estoy decidiendo, necesito un poco más de tiempo.

또다비아 에스또이 데씨디엔도, 네쎄시또 운 뽀꼬 마스 데 띠엠뽀.

식사 전에 음료 먼저 주문할 수 있나요?

¿Podemos pedir las bebidas antes de comer?

뽀데모스 뻬디르 라스 베비다스 안떼스 데 꼬메르?

혹시 알레르기 표시된 메뉴 있나요?

¿El menú indica los alérgenos?

엘 메누 인디까 로스 알레르헤노스?

오늘의 추천 메뉴가 있나요?

¿Hay algún plato recomendado hoy?

아이 알군 쁠라또 레꼬멘다도 오이?

이제 주문해도 될까요?

¿Podemos pedir ya?

뽀데모스 뻬디르 야?

이 요리는 어떤 재료로 만들어졌나요?

¿Con qué ingredientes se prepara este plato?

꼰 께 인그레**디엔**떼스 세 쁘레**빠**라 **에**스떼 **쁠라**또?

새우와 마늘, 올리브유가 들어갑니다.

Lleva gambas, ajo y aceite de oliva.

예바 **감**바스, **아**호 이 아**쎄이**떼 데 올**리**바.

고기가 들어 있나요?

¿Tiene carne?

띠에네 까르네?

채식 메뉴도 있나요?

¿Tienen opciones vegetarianas?

띠에넨 옵씨오네스 베헤따리아나스?

글루텐이 없는 음식 있나요?

¿Hay comida sin gluten?

아이 꼬미다 신 글루텐?

아이가 먹을 만한 음식이 있을까요?

¿Hay algo adecuado para niños?

아이 알고 아데꽈도 빠라 니뇨스?

네, 어린이용 메뉴가 따로 있습니다.

Sí, tenemos un menú infantil.

시, 떼네모스 운 메누 인판띨.

이 메뉴는 양이 많나요?

¿Este plato es abundante?

에스떼 쁠라또 에스 아분단떼?

간이 세지 않은 요리를 추천해 주시겠어요?

¿Podría recomendarme algo con poca sal?

뽀드리아 레꼬멘다르메 알고 꼰 뽀까 살?

메누 델 디아 메뉴판 읽기

13:00 - 16:00
Menú del día
Primeros :
~ Ensalada de espinacas con bacon y huevo duro ~
~ Salmorejo cordobés ~
Segundos :
~ Escalopines de pollo al limón con arroz ~
~ Raya frita con ensalada o patata hervida ~
Postres :
~ Tarta de chocolate ~
~ Brocheta de fruta con miel y nueces ~

Menú del día 메누 델 디아는 직역하면 '그날의 메뉴'로 스페인 식당에서 다양한 음식을 합리적인 가격에 구성하여 제공하는 세트 메뉴입니다. 주로 메뉴 구성은 매일 달라지며, 전채 요리, 메인 요리, 후식으로 이루어져 있습니다. 빵(pan)과 음료(bebida), 부가세(IVA)는 포함되어 있는지 아닌지 확인해 보아야 합니다.

메뉴판의 Primeros 쁘리메로스는 첫 번째 요리라는 뜻으로 전채 요리에 해당합니다. 입맛을 돋우어 줄 수 있는 샐러드(ensalada), 수프(sopa) 등으로 구성되어 있습니다.

Segundos 세군도스는 두 번째 요리, 즉 메인 요리로 육류(carne)나 생선(pescado)으로 구성됩니다.

후식은 Postres 뽀스뜨레스라고 하며 주로 제철 과일(frutas del tiempo)이나 달콤한 케이크(pastel), 아이스크림(helado), 푸딩(flan) 등을 제공합니다.

Día 075
메뉴 주문

전채 요리(첫 번째)로 가스파초 부탁합니다.

De primero, gazpacho, por favor.

데 쁘리**메**로, 가스**빠**초, 뽀르 파**보**르.

메인 요리(두 번째)로 무엇을 드시겠어요?

¿Qué desea de segundo?

께 데**세**아 데 세**군**도?

저 사람들이 먹는 걸로 주세요.

Tomaré lo que ellos están tomando.

또마레 로 께 에요스 에스딴 또만도.

음료도 필요하세요?

¿Quiere algo de beber?

끼에레 알고 데 베베르?

더 필요한 거 있으세요?

¿Quiere algo más?

끼에레 알고 마스?

저도 같은 걸로 주세요.

Yo también lo mismo, por favor.

요 땀비엔 로 미스모, 뽀르 파보르.

뭘 주문해야 할지 모르겠어요.

No sé qué pedir.

노 세 께 뻬디르.

Tip 스페인어권 음식들은 한국인의 입맛에 짜게 느껴질 수 있습니다. 중남미 음식은 고수가 들어가거나 많이 맵기도 하고요. 기호에 따라 주문 시 다음과 같이 표현해 보세요.

조금 덜 짜게 해 주세요. Con poca sal, por favor. 꼰 뽀까 살, 뽀르 파보르.

고수는 빼 주세요. Sin cilantro, por favor. 신 씰란뜨로, 뽀르 파보르.

조금 덜 맵게 해 주세요. Menos picante, por favor. 메노스 삐깐떼, 뽀르 파보르.

Día 076
주문한 후에

음식이 조금 늦는 것 같아요.

Parece que la comida está tardando un poco.

빠레쎄 께 라 꼬미다 에스따 따르단도 운 뽀꼬.

주문하신 음식 금방 나올 예정입니다.

Su pedido estará listo en un momento.

수 뻬디도 에스따라 리스또 엔 운 모멘또.

감사합니다, 천천히 주세요.

Gracias, no hay prisa.

그라씨아스, 노 아이 쁘리사.

주문을 바꾸고 싶은데 아직 괜찮을까요?

¿Puedo cambiar mi pedido todavía?

뿌에도 깜비아르 미 뻬디도 또다비아?

음료 먼저 가져다 드릴까요?

¿Quiere que le traiga la bebida primero?

끼에레 께 레 뜨라이가 라 베비다 쁘리메로?

혹시 포크 하나 더 주시겠어요?

¿Podría traerme otro tenedor, por favor?

뽀드리아 뜨라에르메 오뜨로 떼네도르, 뽀르 파보르?

소스도 주시겠어요?

¿Podría traerme la salsa, por favor?

뽀드리아 뜨라에르메 라 살사, 뽀르 파보르?

디저트는 나중에 주문해도 되나요?

¿Puedo pedir el postre después?

뿌에도 뻬디르 엘 뽀스뜨레 데스뿌에스?

아이용 접시도 주시겠어요?

¿Podría traerme un plato para niños?

뽀드리아 뜨라에르메 운 쁠라또 빠라 니뇨스?

Día 077
추가 요청

물 좀 더 주시겠어요?

¿Podría traerme un poco más de agua, por favor?

뽀드리아 뜨라에르메 운 뽀꼬 마스 데 아구아, 뽀르 파보르?

와인 한 병 더 부탁드려요.

Otra botella de vino, por favor.

오뜨라 보떼야 데 비노, 뽀르 파보르.

빵을 좀 더 가져다 주실 수 있을까요?

¿Podría traerme más pan?

뽀드리아 뜨라에르메 마스 빤?

이 음식 좀 데워 주실 수 있나요?

¿Podría calentarme este plato, por favor?

뽀드리아 깔렌따르메 에스떼 쁠라또, 뽀르 파보르?

냅킨을 좀 더 주실래요?

¿Me trae más servilletas, por favor?

메 뜨라에 마스 세르비예따스, 뽀르 파보르?

와이파이 비밀번호가 있나요?

¿Tienen contraseña del wi-fi?

띠에넨 꼰뜨라세냐 델 위피?

네, 영수증에 적혀 있습니다.

Sí, está escrita en el recibo.

시, 에스따 에스끄리따 엔 엘 레씨보.

소금과 후추 좀 주시겠어요?

¿Podría traerme sal y pimienta, por favor?

뽀드리아 뜨라에르메 살 이 삐미엔따, 뽀르 파보르?

포장 좀 부탁드려도 될까요?

¿Podría ponerlo para llevar, por favor?

뽀드리아 뽀네를로 빠라 예바르, 뽀르 파보르?

Día 078

음식 맛 표현하기

이 음식 정말 맛있어요!

¡Este plato está riquísimo!

에스떼 쁠라또 에스따 리끼시모!

간이 딱 좋아요.

Está en su punto de sal.

에스따 엔 수 뿐또 데 살.

고기가 아주 부드럽네요.

La carne está muy tierna.

라 **까**르네 에스**따** 무이 **띠에**르나.

소스 맛이 정말 인상적이에요.

La salsa tiene un sabor espectacular.

라 **살**사 **띠에**네 운 사**보**르 에스뻭따꿀**라**르.

해산물이 아주 신선하네요.

Los mariscos están muy frescos.

로스 마**리**스꼬스 에스**딴** 무이 **프레**스꼬스.

제 입맛에는 조금 짠 것 같아요.

Está un poco salado para mi gusto.

에스**따** 운 **뽀**꼬 살**라**도 **빠**라 미 **구**스또.

디저트가 너무 달아요.

El postre está demasiado dulce.

엘 **뽀**스뜨레 에스**따** 데마**시아**도 **둘**쎄.

약간 덜 익은 것 같아요.

Parece que está un poco crudo.

빠**레**쎄 께 에스**따** 운 **뽀**꼬 **끄루**도.

전체적으로 음식이 훌륭했어요.

En general, la comida ha sido excelente.

엔 헤네**랄**, 라 꼬**미**다 아 **시**도 엑쎌**렌**떼.

Día 079

문제가 생겼을 때

죄송하지만, 음식이 식었어요.

Disculpe, la comida está fría.

디스꿀뻬, 라 꼬미다 에스따 프리아.

너무 오래 기다렸어요.

Hemos esperado demasiado tiempo.

에모스 에스뻬라도 데마시아도 띠엠뽀.

주문한 음료가 아직 안 나왔어요.

Todavía no ha llegado la bebida que pedí.

또다비아 노 아 예가도 라 베비다 께 빼디.

이물질이 음식에 들어 있어요.

Hay algo extraño en mi comida.

아이 알고 엑스뜨라뇨 엔 미 꼬미다.

음식이 너무 짜요.

La comida está demasiado salada.

라 꼬미다 에스따 데마시아도 살라다.

고기를 너무 익혔어요.

La carne está demasiado hecha.

라 까르네 에스따 데마시아도 에차.

의자가 흔들려요.

La silla está un poco inestable.

라 시야 에스따 운 뽀꼬 인에스따블레.

죄송합니다, 다른 자리로 안내해드릴게요.

Perdón, le cambio de mesa.

빼르돈. 레 깜비오 데 메사.

서비스가 너무 좋지 않았어요.

El servicio no ha sido muy bueno.

엘 세르비씨오 노 아 시도 무이 부에노.

스페인 대표 음식

Tortilla de patatas

또르띠야 데 빠따따스

감자, 양파, 계란을 넣어 만드는
스페인식 오믈렛

Cochinillo asado

꼬치니요 아사도

새끼 돼지 구이 요리

Gazpacho

가스파초

여름에 즐겨 먹는
차가운 토마토 수프

Paella

빠에야

쌀과 해산물, 토끼 고기 등을 넣고
넓은 팬에 끓여 만드는 발렌시아 전통 음식

Cocido madrileño

꼬씨도 마드릴레뇨

육류, 콩, 채소를 한꺼번에 넣고
끓인 마드리드 영양식

Churros con chocolate

추로스 꼰 초꼴라떼

스페인 사람들에게 아침 식사, 간식, 해장
음식으로 사랑 받는 녹인 초콜릿과 추로스

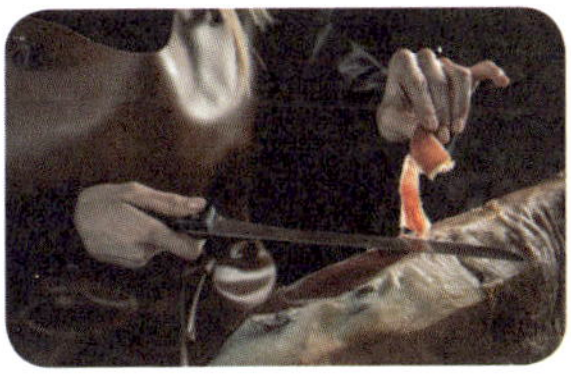

Jamón

하몬

돼지 다리를 소금에 절여 건조,
발효시킨 스페인식 생햄

Sangría

상그리아

포도주에 과일을 넣고
숙성시킨 전통주

Pan con tomate

빤 꼰 또마떼

바게트 빵에 생마늘 조각을 문지르고
다진 토마토 소스를 올린 후 올리브유,
소금을 곁들여 먹는 카탈루냐 대표 음식

Pulpo a la gallega

뿔뽀 아 라 가예아

갈리시아식 문어 요리로
감자와 훈연한 파프리카 가루를 곁들임

Rabo de toro

라보 데 또로

스페인식 소꼬리 찜

Patatas bravas

빠따따스 브라바스

특제 소스가 일품인 스페인식 감자튀김

Día 080
포장・계산하기

이 음식 포장 가능한가요?

¿Se puede llevar este plato?

세 **뿌에**데 **예**바르 **에**스떼 **쁠라**또?

남은 음식을 포장해 주시겠어요?

¿Podría ponerme lo que sobró para llevar?

뽀드**리**아 뽀**네**르메 로 께 소브**로** **빠**라 예**바**르?

네, 바로 포장해 드릴게요.

Sí, se lo preparo enseguida.

시, 세 로 쁘레빠로 엔세기다.

포장 용기는 따로 요금이 있나요?

¿Tiene costo extra el envase para llevar?

띠에네 꼬스또 엑스뜨라 엘 엔바세 빠라 예바르?

음식이 매우 맛있어서, 조금 더 사 가고 싶어요.

Me ha gustado mucho, quisiera llevar un poco más.

메 아 구스따도 무초, 끼시에라 예바르 운 뽀꼬 마스.

계산서 좀 주세요.

La cuenta, por favor.

라 꾸엔따, 뽀르 파보르.

네, 바로 가져다 드릴게요.

Sí, enseguida se la traigo.

시, 엔세기다 세 라 뜨라이고.

팁은 포함되어 있나요?

¿Está incluida la propina?

에스따 인끌루이다 라 쁘로삐나?

결제 영수증 한 장 더 받을 수 있을까요?

¿Podría darme otra copia del recibo?

뽀드리아 다르메 오뜨라 꼬삐아 델 레씨보?

Día 081

바에서 I

이 자리 비었나요?

¿Está libre este asiento?

에스**따** **리**브레 **에**스떼 아**시엔**또?

네, 앉으세요.

Sí, siéntese, por favor.

시, 시**엔**떼세, 뽀르 파**보**르.

생맥주 한 잔 주세요.

Una caña, por favor.

우나 까냐, 뽀르 파보르.

띤또 데 베라노 한 잔 주세요.

Un tinto de verano, por favor.

운 띤또 데 베라노, 뽀르 파보르.

레몬 조각 좀 더 주시겠어요?

¿Podría darme otra rodaja de limón?

뽀드리아 다르메 오뜨라 로다하 데 리몬?

혹시 무알콜 음료도 있나요?

¿Tienen bebidas sin alcohol?

띠에넨 베비다스 신 알꼬올?

여기 음악이 정말 좋네요!

¡Qué buena música tienen aquí!

께 부에나 무시까 띠에넨 아끼!

이거 정말 맛있네요. 이름이 뭐예요?

Esto está riquísimo, ¿cómo se llama?

에스또 에스따 리끼시모, 꼬모 세 야마?

분위기가 정말 좋네요.

El ambiente aquí es genial.

엘 암비엔떼 아끼 에스 헤니알.

Día 082

바에서 II

저쪽 자리에 앉아도 되나요?

¿Puedo sentarme en aquella mesa?

뿌에도 센따르메 엔 아께야 메사?

현지 맥주 추천해 주실 수 있나요?

¿Podría recomendarme una cerveza local?

뽀드리아 레꼬멘다르메 우나 쎄르베싸 로깔?

네, 마호(Mahou) 맥주가 인기가 많아요.

Sí, la Mahou es muy popular.

시, 라 **마**오 에스 무이 뽀뿔**라**르.

Tip 스페인 지역별 대표 맥주

마드리드(Madrid): 수도 마드리드에서는 Mahou가 현지인에게 가장 익숙한 맥주예요.

바르셀로나(Barcelona): 카탈루냐 지역에서는 Estrella Damm이 대표 맥주로 자리 잡고 있어요.

안달루시아(Andalucía): 남부 안달루시아에서는 Cruzcampo가 지역성이 강해요.

갈리시아(Galicia): 갈리시아 지방에서는 Estrella Galicia가 지역의 자부심이에요.

팁은 보통 얼마 정도 주나요?

¿Cuánto se suele dejar de propina?

꽌또 세 **수엘**레 데**하**르 데 쁘로**삐**나?

마음이 가는 만큼 주시면 됩니다.

Lo que usted quiera.

로 께 우스**뗃** **끼에**라.

거스름돈은 괜찮아요.

Quédese con el cambio.

께데세 꼰 엘 **깜**비오.

오늘은 정말 좋은 밤이에요.

Es una noche estupenda.

에스 **우**나 **노**체 에스뚜**뻰**다.

즐거운 시간이었어요.

Lo pasé muy bien.

로 빠**세** 무이 비엔.

근처에 다른 괜찮은 바 추천해 주실 수 있나요?

¿Podría recomendarme otro bar bueno por aquí?

뽀드**리**아 레꼬멘**다**르메 **오**뜨로 바르 **부에**노 뽀르 아**끼**?

중남미 대표 음식

Taco

따꼬

토르티야라는 옥수수 전병에 고기, 양파, 고수, 아보카도 등을 넣고 싸 먹는 멕시코 대표 음식

Ceviche

쎄비체

신선한 생선 회를 라임 · 레몬즙에 절여 고추, 양파, 고수 등을 곁들여 먹는 페루의 대표 요리

Ropa vieja

로빠 비에하

잘게 찢은 소고기를 토마토 소스와 향신료로 오래 끓여 밥에 곁들여 먹는 쿠바 요리

Bandeja Paisa

반데하 빠이사

다진 소고기, 콩, 밥, 달걀, 아보카도, 치차론, 익힌 바나나를 한 접시에 푸짐하게 담아 낸 콜롬비아 전통 플래터

Chicha morada

치차 모라다

보라색 옥수수를 계피, 정향, 파인애플과 함께 끓여 차갑게 마시는 페루의 전통 음료

Yerba Mate

예르바 마테

마테 잎을 컵에 우려 봄비야라는 은 빨대를 사용해 나누어 마시는 남미의 대표 전통 차

Burrito

부리또

토르티야에 고기, 밥, 콩,
치즈 등을 넣고 돌돌 말아 먹는
멕시코 음식

Asado

아사도

소고기, 돼지고기 등을
숯불이나 장작불에 구워 먹는
아르헨티나의 대표 바비큐 요리

Mojito

모히또

화이트럼에 라임, 민트, 설탕,
탄산수를 넣어 상큼하게 만든
쿠바의 칵테일

Tamal

따말

옥수수가루 반죽에 고기, 치즈, 라드유를
넣어 옥수수잎이나 바나나잎에 싸서
쪄 내는 남미 전역의 전통 요리

Cuy asado

꾸이 아사도

통구이한 기니피그를 향신료와 함께
바삭하게 구워내는 안데스 지역의
전통 고기 요리

Ensalada Chilena

엔살라다 칠레나

잘게 썬 토마토와 양파에 고수, 올리브유,
레몬즙을 더해 만드는 칠레의
대중적인 샐러드

Día 083

카페에서 I

카페 라테 하나 주세요.

Un café con leche, por favor.

운 까페 꼰 레체, 뽀르 파보르.

설탕은 따로 주세요.

El azúcar aparte, por favor.

엘 아쑤까르 아빠르떼, 뽀르 파보르.

커피는 뜨겁게 해 주세요.

El café, bien caliente, por favor.

엘 까**페**, 비엔 깔**리엔**떼, 뽀르 파**보**르.

커피 향이 정말 좋아요.

Qué bien huele este café.

께 비엔 **우엘**레 **에**스떼 까**페**.

샌드위치 하나 추가할게요.

Quisiera añadir un sándwich, por favor.

끼**시에**라 아냐**디**르 운 **산**위치, 뽀르 파**보**르.

케이크 중에 어떤 게 제일 맛있어요?

¿Qué pastel me recomienda?

께 빠스**뗄** 메 레꼬**미엔**다?

아이스 커피도 있나요?

¿Tienen café con hielo?

띠에넨 카**페** 꼰 **이엘**로?

얼음을 조금만 넣어 주세요.

Solo un poco de hielo, por favor.

솔로 운 **뽀**꼬 데 **이엘**로, 뽀르 파**보**르.

얼음 잔 따로 주시겠어요?

¿Podría traer un vaso con hielo aparte?

뽀드**리**아 뜨라**에**르 운 **바**소 꼰 **이엘**로 아**빠**르떼?

Tip **스페인 대표 커피 메뉴**

Café solo 까**페 솔**로: 스페인식 진한 에스프레소 한 잔

Café con leche 까**페** 꼰 **레**체: 에스프레소와 뜨거운 우유가 거의 1:1 비율로 섞인 형태

Café cortado 까**페** 꼬르**따**도: 에스프레소에 소량의 따뜻한 우유를 섞은 커피

Café bombón 까**페** 봄**본**: 에스프레소 + 연유 형태의 달콤한 커피

Día 084

카페에서 II

이건 무슨 커피예요?

¿Qué café es este?

께 까**페** 에스 **에**스떼?

코르타도예요. 에스프레소에 우유를 살짝 넣은 거죠.

Es un cortado, un espresso con un poco de leche.

에스 운 **꼬르따**도, 운 에스**쁘레**쏘 꼰 운 **뽀**꼬 데 **레**체.

멕시코에서는 어떤 커피가 유명하죠?

¿Qué café es típico en México?

께 까**페** 에스 **띠**삐꼬 엔 **메**히꼬?

카페 데 오야라고, 계피랑 사탕수수 설탕이 들어간 커피요.

El café de olla, con canela y piloncillo.

엘 까**페** 데 **오**야, 꼰 까**넬**라 이 삘론**씨**요.

커피값이 생각보다 저렴하네요.

El café aquí es más barato de lo que pensaba.

엘 까**페** 아**끼** 에스 마스 바**라**또 델 로 께 뻰**사**바.

한국에서처럼 아이스 아메리카노를 파나요?

¿Venden café americano con hielo como en Corea?

벤덴 까**페** 아메리**까**노 꼰 **이엘**로 **꼬**모 엔 꼬**레**아?

완전히 같진 않아요, 에스프레소와 얼음 잔을 따로 줍니다.

No exactamente, te sirven el espresso y un vaso con hielo aparte.

노 엑삭따**멘**떼, 떼 **시**르벤 엘 에스**쁘레**쏘 이 운 **바**소 꼰 **이엘**로 아**빠**르떼.

Tip 스페인 카페에는 한국인들이 즐겨 마시는 아이스 아메리카노 메뉴가 없는 곳이 대부분이에요. 대신 Café con hielo 까**페** 꼰 **이엘**로라는 표현을 써서 아이스 아메리카노를 즐길 수 있어요. '커피와 얼음'이라는 뜻으로, 뜨거운 커피와 얼음 잔이 함께 나와서 직접 얼음에 부어 마시는 방식이에요.

커피가 식었네요, 데워 주실 수 있을까요?

Mi café se enfrió, ¿podría calentarlo?

미 까**페** 세 엔프리**오**, 뽀드**리**아 깔렌**따**를로?

계산 좀 해 주시겠어요?

¿Me cobra, por favor?

메 **꼬**브라, 뽀르 파**보**르?

디카페인 커피 있나요?

¿Tiene café descafeinado?

띠에네 까**페** 데스까페이**나**도?

내일 아침에도 영업하나요?

¿Abren mañana por la mañana?

아브렌 마**냐**나 뽀르 라 마**냐**나?

Día 085

패스트푸드점에서

햄버거 단품으로 주문할 수 있나요?

¿Puedo pedir solo la hamburguesa sin menú?

뿌에도 뻬디르 솔로 라 암부르게사 신 메누?

세트 메뉴 하나 주세요.

Quisiera un menú completo, por favor.

끼시에라 운 메누 꼼쁠레또, 뽀르 파보르.

어떤 메뉴로 하시겠어요?

¿Qué menú desea?

께 메누 데세아?

이 메뉴에 음료가 포함돼 있나요?

¿La bebida está incluida en el menú?

라 베비다 에스따 인끌루이다 엔 엘 메누?

음료는 콜라로 주세요.

La bebida, una Coca-Cola, por favor.

라 베비다, 우나 꼬까 꼴라, 뽀르 파보르.

먹고 갈 거예요.

Para comer aquí.

빠라 꼬메르 아끼.

가져갈 거예요.

Para llevar, por favor.

빠라 예바르, 뽀르 파보르.

이 소스는 추가 요금 있나요?

¿Esta salsa tiene costo adicional?

에스따 살사 띠에네 꼬스또 아디씨오날?

감자튀김은 큰 사이즈로 바꿔 주세요.

Cámbieme las papas fritas por unas grandes, por favor.

깜비에메 라스 빠빠스 프리따스 뽀르 우나스 그란데스, 뽀르 파보르.

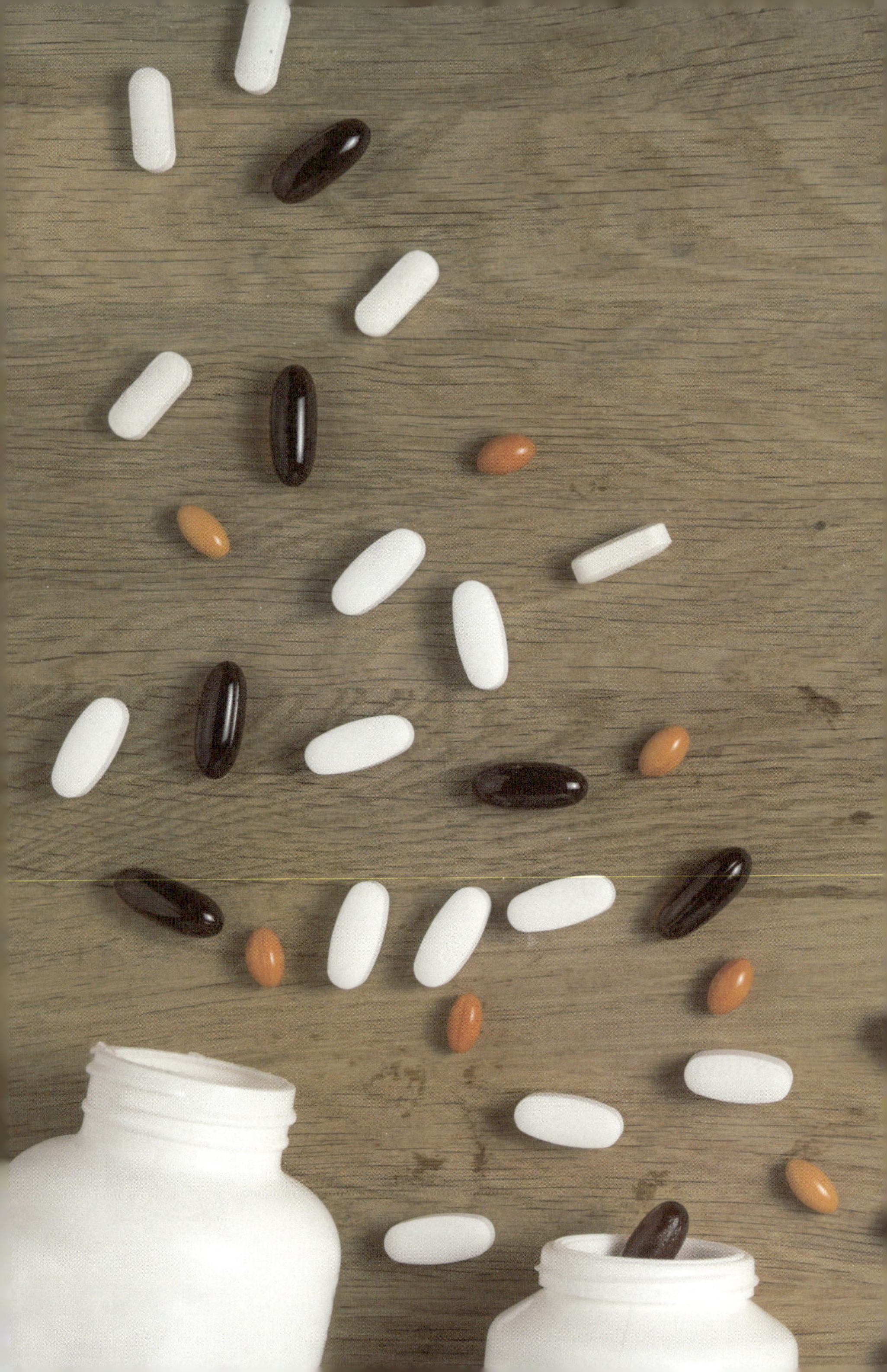

Parte 7

긴급 상황 대처하기

여행스페인어 필수 단어

emergencia
에메르**헨**씨아
긴급 상황

ayuda
아**유**다
도움

policía
뽈리**씨**아
경찰

hospital
오스삐**딸**
병원

ambulancia
암불**란**씨아
구급차

accidente
악씨**덴**떼
사고

ladrón
라드**론**
도둑

cartera
까르**떼**라
지갑

bolso / mochila
볼소 / 모**칠**라
가방

teléfono móvil
뗄**레**포노 **모**빌
휴대폰

pérdida
빼르디다
분실

embajada
엠바하다
대사관

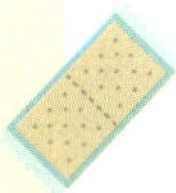

herida
에리다
부상, 상처

dolor
돌로르
통증

documento de identidad
도꾸멘또 데 이덴띠닷
신분증

seguro de viaje
세구로 데 비아헤
여행자 보험

médico(-a)
메디꼬(까)
의사

urgente
우르헨떼
위급한

peligroso
뻴리그로소
위험한

incendio
인쎈디오
화재

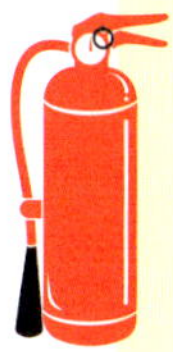

Día 086

말이 통하지 않을 때

천천히 말씀해 주시겠어요?

¿Puede hablar más despacio, por favor?

뿌에데 아블라르 마스 데스빠씨오, 뽀르 파보르?

다시 한 번 말씀해 주실래요?

¿Puede repetirlo, por favor?

뿌에데 레뻬띠를로, 뽀르 파보르?

무슨 뜻인지 잘 모르겠어요.

No entiendo lo que significa.

노 엔**띠엔**도 로 께 시그니**피**까.

적어 주실 수 있나요?

¿Puede escribirlo, por favor?

뿌에데 에스끄리**비**를로, 뽀르 파**보**르?

휴대폰 번역 앱으로 말해도 괜찮을까요?

¿Puedo hablar con un traductor en el móvil?

뿌에도 아블**라**르 꼰 운 뜨라둑**또**르 엔 엘 **모**빌?

이거 스페인어로 뭐라고 해요?

¿Cómo se dice esto en español?

꼬모 세 **디**쎄 **에**스또 엔 에스빠**뇰**?

스페인어를 조금 배웠는데, 잘 기억이 안 나요.

He estudiado un poco de español, pero no recuerdo mucho.

에 에스뚜디**아**도 운 **뽀**꼬 데 에스빠**뇰**, **뻬**로 노 레**꾸에**르도 **무**초.

혹시 통역 가능한 분이 있나요?

¿Hay alguien que pueda traducir?

아이 알기**엔** 께 **뿌에**다 뜨라두**씨**르?

잠깐만요, 통역 앱으로 확인할게요.

Un momento, lo reviso con el traductor.

운 모**멘**또, 로 레**비**소 꼰 엘 뜨라둑**또**르.

Día 087

분실했을 때 I

제 가방이 없어졌어요.

Mi bolso ha desaparecido.

미 볼소 아 데스아빠레씨도.

언제 어디서 잃어버리셨나요?

¿Dónde y cuándo lo perdió?

돈데 이 꽌도 로 뻬르디오?

혹시 이런 가방 본 적 있으세요?

¿Ha visto un bolso como este?

아 **비**스또 운 **볼**소 **꼬**모 **에**스떼?

가방 안에 여권과 현금이 있었어요.

Dentro del bolso estaban mi pasaporte y dinero.

덴뜨로 델 **볼**소 에스**따**반 미 빠사**뽀**르떼 이 디**네**로.

택시에 휴대폰을 두고 내린 것 같아요.

Creo que dejé mi móvil en el taxi.

끄레오 께 데**헤** 미 **모**빌 엔 엘 **딱**시.

광장에서 제 휴대폰을 도둑맞았어요.

Me han robado el móvil en la plaza.

메 안 로**바**도 엘 **모**빌 엔 라 **쁠라**싸.

식당에 카메라를 두고 나온 것 같아요.

Creo que dejé mi cámara en el restaurante.

끄레오 께 데**헤** 미 **까**마라 엔 엘 레스따우**란**떼.

혹시 CCTV 확인할 수 있을까요?

¿Se puede revisar la cámara de seguridad?

세 **뿌에**데 레비**사**르 라 **까**마라 데 세구리**닷**?

큰일이에요! 지갑을 잃어버렸어요.

¡Qué desastre! He perdido mi cartera.

께 데**사**스뜨레! 에 뻬르**디**도 미 까르**떼**라.

Día 088

분실했을 때 II

분실물 센터가 어디에 있나요?

¿Dónde está el centro de objetos perdidos?

돈데 에스**따** 엘 **쎈**뜨로 데 오브**헤**또스 뻬르**디**도스?

역 입구 옆에 있어요.

Está al lado de la entrada de la estación.

에스**따** 알 **라**도 데 라 엔뜨**라**다 데 라 에스따씨**온**.

혹시 습득된 물건을 볼 수 있을까요?

¿Puedo ver los objetos encontrados?

뿌에도 베르 로스 오브헤또스 엔꼰뜨라도스?

분실물을 찾으면 어떻게 연락 주시나요?

¿Cómo me avisarán si encuentran el objeto?

꼬모 메 아비사란 시 엔꾸엔뜨란 엘 오브헤또?

제 카드가 사라져서 정지시켰어요.

He bloqueado mi tarjeta porque la perdí.

에 블로께아도 미 따르헤따 뽀르께 라 뻬르디.

분실 확인서를 받을 수 있을까요?

¿Podría darme un justificante de la denuncia?

뽀드리아 다르메 운 후스띠피깐떼 데 라 데눈씨아?

찾을 수 있으면 좋겠어요.

Espero poder encontrarlo.

에스뻬로 뽀데르 엔꼰뜨라를로.

제 물건이 아니네요, 비슷하지만 다릅니다.

No es mío, se parece pero no es igual.

노 에스 미오, 세 빠레쎄 뻬로 노 에스 이구알.

찾게 되면 바로 연락 드릴 거예요.

En cuanto aparezca, le llamaremos.

엔 꽌또 아빠레쓰까, 레 야마레모스.

Día 089

경찰서에서

안녕하세요, 신고하려고 왔습니다.

Buenos días, vengo a poner una denuncia.

부에노스 디아스, 벵고 아 뽀네르 우나 데눈씨아.

광장에서 누가 제 가방을 훔쳐간 것 같아요.

Creo que alguien me ha robado el bolso en la plaza.

끄레오 께 알기엔 메 아 로바도 엘 볼소 엔 라 쁠라싸.

정확한 장소를 기억하시나요?

¿Recuerda el lugar exacto?

레**꾸에**르다 엘 루**가**르 엑**삭**또?

사건이 발생한 시각은 오후 다섯 시쯤이에요.

El robo ocurrió alrededor de las cinco de la tarde.

엘 **로**보 오꾸리**오** 알레데**도**르 데 라스 **씬**꼬 데 라 **따**르데.

관광객이 많았어요.

Había muchos turistas.

아**비**아 **무**초스 뚜**리**스따스.

혹시 도난된 물건이 발견된 경우 연락 받을 수 있을까요?

¿Me avisarán si encuentran mis pertenencias?

메 아비사**란** 시 엔**꾸엔**뜨란 미스 뻬르떼**넨**씨아스?

이건 제 여권 복사본이에요.

Aquí tengo una copia de mi pasaporte.

아**끼** **뗑**고 **우**나 **꼬**삐아 데 미 빠사**뽀**르떼.

신고 접수 번호를 받을 수 있을까요?

¿Podría darme el número de la denuncia?

뽀드**리**아 **다**르메 엘 **누**메로 데 라 데**눈**씨아?

연락처로 알려 드릴 겁니다.

Le avisaremos a su número de contacto.

레 아비사**레**모스 아 수 **누**메로 데 꼰**딱**또.

Día 090
도움 청하기

도와주세요!

¡Ayuda, por favor!

아유다, 뽀르 파보르!

긴급 상황이에요!

¡Es una emergencia!

에스 우나 에메르헨씨아!

구급차가 빨리 와야 해요.

Necesitamos una ambulancia, rápido.

네세시**따**모스 **우**나 암불**란**씨아, **라**삐도.

걱정 마세요, 이미 불렀어요.

No se preocupe, ya la he llamado.

노 세 쁘레오**꾸**뻬, 야 라 에 야**마**도.

몸이 안 좋아요. 도와주세요.

No me siento bien, por favor ayúdeme.

노 메 **시엔**또 비엔, 뽀르 파**보**르 아**유**다메.

길을 잃었어요. 호텔로 가는 길을 모르겠어요.

Me he perdido, no sé cómo volver al hotel.

메 에 뻬르**디**도, 노 세 **꼬**모 볼**베**르 알 오**뗄**.

휴대폰이 꺼져서 지도를 볼 수 없어요.

Mi móvil está apagado, no puedo ver el mapa.

미 **모**빌 에스**따** 아빠**가**도, 노 **뿌에**도 베르 엘 **마**빠.

위험한 사람이 따라오는 것 같아요.

Creo que alguien me está siguiendo.

끄레오 께 알기**엔** 메 에스**따** 시기**엔**도.

화재가 난 것 같아요!

¡Creo que hay un incendio!

끄레오 께 아이 운 인**쎈**디오!

Día 091

아픈 증상 말하기

머리가 아프고 열이 나요.

Me duele la cabeza y tengo fiebre.

메 **두엘**레 라 까**베**싸 이 **뗑**고 **피에**브레.

기침이 멈추지 않아요.

No puedo dejar de toser.

노 **뿌에**도 데**하**르 데 또**세**르.

목이 아프고 말하기 힘들어요.

Me duele la garganta y me cuesta hablar.

메 두엘레 라 가르간따 이 메 꾸에스따 아블라르.

얼마나 오래됐어요?

¿Cuánto tiempo lleva así?

꽌또 띠엠뽀 예바 아시?

배가 아파요.

Tengo dolor de estómago.

뗑고 돌로르 데 에스또마고.

토할 것 같아요.

Tengo ganas de vomitar.

뗑고 가나스 데 보미따르.

설사를 하고 있어요.

Tengo diarrea.

뗑고 디아레아.

여행 피로 때문일 수도 있어요.

Puede ser por el cansancio del viaje.

뿌에데 세르 뽀르 엘 깐산씨오 델 비아헤.

가슴이 답답하고 숨쉬기 힘들어요.

Me cuesta respirar, siento presión en el pecho.

메 꾸에스따 레스삐라르, 시엔또 쁘레시온 엔 엘 뻬초.

Día 092
약국에서

피부에 붉은 반점이 생겼어요.

Me han salido manchas rojas en la piel.

메 안 살**리**도 **만**차스 **로**하스 엔 라 삐**엘**.

알레르기일 수도 있으니, 크림을 발라 보세요.

Puede ser una alergia, use esta crema.

뿌에데 세르 **우**나 알**레**르히아, **우**세 **에**스따 **끄레**마.

가렵고 화끈거려요.

Me pica y me arde la piel.

메 삐까 이 메 아르데 라 삐엘.

이건 자외선 알레르기용 연고예요.

Es una pomada para la alergia solar.

에스 우나 뽀마다 빠라 라 알레르히아 솔라르.

기침이 나는데, 감기약 있나요?

Tengo tos, ¿tiene algo para el resfriado?

뗑고 또스, 띠에네 알고 빠라 엘 레스프리아도?

네, 이 시럽을 하루 세 번 드세요.

Sí, tome este jarabe tres veces al día.

시, 또메 에스떼 하라베 뜨레스 베쎄스 알 디아.

여행용 상비약을 사고 싶어요.

Quisiera un botiquín de viaje.

끼시에라 운 보띠낀 데 비아헤.

하루에 몇 번 약을 먹어야 하나요?

¿Cuántas veces al día debo tomar el medicamento?

꽌따스 베쎄스 알 디아 데보 또마르 엘 메디까멘또?

하루 세 번, 식사 후에 드세요.

Tres veces al día, después de las comidas.

뜨레스 베쎄스 알 디아, 데스뿌에스 데 라스 꼬미다스.

Día 093

교통사고가 났을 때

사고가 났어요!

¡Ha habido un accidente!

아 아비도 운 악씨덴떼!

차가 저를 쳤어요.

Un coche me ha atropellado.

운 꼬체 메 아 아뜨로뻬야도.

운전자가 그냥 도망갔어요.

El conductor se ha dado a la fuga.

엘 꼰둑**또**르 세 아 **다**도 아 라 **푸**가.

경찰을 불러 주세요.

Llame a la policía, por favor.

야메 아 라 뽈리**씨**아, 뽀르 파**보**르.

저는 괜찮아요, 하지만 제 친구가 많이 다쳤어요.

Yo estoy bien, pero mi amigo está muy herido.

요 에스**또이** 비엔, **뻬**로 미 아**미**고 에스**따** 무이 에**리**도.

브레이크가 갑자기 안 들었어요.

Los frenos no han funcionado de repente.

로스 **프레**노스 노 안 푼씨오**나**도 데 레**뻰**떼.

보험이 있어요, 보험사에 연락해야 해요.

Tengo un seguro, necesito llamar a la compañía.

뗑고 운 세**구**로, 네쎄**시**또 야**마**르 아 라 꼼빠**니**아.

제 운전면허증은 여기 있습니다.

Aquí tiene mi carné de conducir.

아**끼** **띠에**네 미 까르**네** 데 꼰두**씨**르.

제 차를 견인해야 할 것 같아요.

Creo que hay que remolcar mi coche.

끄레오 께 아이 께 레몰**까**르 미 **꼬**체.

Día 094
병원에서

응급실은 어디에 있나요?

¿Dónde están las urgencias?

돈데 에스딴 라스 우르헨씨아스?

어지럽고 쓰러질 것 같아요.

Me siento mareado, creo que voy a desmayarme.

메 시엔또 마레아도, 끄레오 께 보이 아 데스마야르메.

의사를 바로 부를게요.

Voy a llamar al doctor enseguida.

보이 아 야**마**르 알 독**또**르 엔세**기**다.

진찰을 받으려면 먼저 등록해야 하나요?

¿Tengo que registrarme antes de la consulta?

뗑고 께 레히스뜨**라**르메 **안**떼스 데 라 꼰**술**따?

네, 접수대에서 먼저 이름을 적으세요.

Sí, primero escriba su nombre en recepción.

시, 쁘리**메**로 에스끄**리**바 수 **놈**브레 엔 레쎕씨**온**.

엑스레이를 찍어야 할 것 같아요.

Creo que necesitamos hacer una radiografía.

끄레오 께 네쎄시**따**모스 아**쎄**르 **우**나 라디오그라**피**아.

혈압을 다시 한 번 재 보겠습니다.

Voy a medirle la tensión otra vez.

보이 아 메**디**를레 라 뗀시**온** **오**뜨라 베스.

보험으로 결제할 수 있나요?

¿Puedo pagar con el seguro?

뿌에도 빠**가**르 꼰 엘 세**구**로?

네, 보험 증서를 보여 주세요.

Sí, muéstreme su tarjeta del seguro.

시, **무에**스뜨레메 수 따르**헤**따 델 세**구**로.

Día 095

폭행 당했을 때

광장에서 낯선 사람이 저를 밀쳤어요.

Una persona desconocida me empujó en la plaza.

우나 뻬르소나 데스꼬노씨다 메 엠뿌호 엔 라 쁠라싸.

얼굴을 맞아서 피가 나요.

Me golpearon en la cara y estoy sangrando.

메 골뻬아론 엔 라 까라 이 에스또이 상그란도.

저는 여행자예요. 길에서 폭행을 당했어요.

Soy turista. Me han agredido en la calle.

소이 뚜리스따. 메 안 아그레디도 엔 라 까예.

소지품도 빼앗겼어요.

También me han robado mis cosas.

땀비엔 메 안 로바도 미스 꼬사스.

경찰서가 어디에 있나요?

¿Dónde está la comisaría de policía?

돈데 에스따 라 꼬미사리아 데 뽈리씨아?

폭행한 사람의 얼굴을 봤어요.

He visto la cara de la persona que me agredió.

에 비스또 라 까라 데 라 뻬르소나 께 메 아그레디오.

그 사람의 특징을 말해 주실 수 있나요?

¿Podría describirlo?

뽀드리아 데스끄리비를로?

너무 무서웠어요, 혼자 가기 싫어요.

Tengo mucho miedo, no quiero ir solo(-a).

뗑고 무초 미에도, 노 끼에로 이르 솔로(라).

괜찮아요, 경찰이 동행할 거예요.

Está bien, la policía le acompañará.

에스따 비엔, 라 뽈리씨아 레 아꼼빠냐라.

Parte 8

친구 사귀기

여행스페인어 필수 단어

viajero(-a) 비아**헤**로(라) 여행자	**compañero(-a)** 꼼빠**녜**로(라) 동료, 동행
personalidad 뻬르소날리**닷** 성격	**amable** 아**마**블레 친절한
sentido del humor 센**띠**도 델 우**모**르 유머 감각	**charla** **차**를라 대화, 수다
algo en común **알**고 엔 꼬**문** 공통점	**sinceridad** 신쎄리**닷** 진심
consideración 꼰시데라씨**온** 배려	**invitación** 인비따씨**온** 초대

amistad
아미스땃
우정

cultura
꿀뚜라
문화

número de teléfono
누메로 데 뗄레포노
전화번호

correo electrónico
꼬레오 엘렉뜨로니꼬
이메일

plan de viaje
쁠란 데 비아헤
여행 계획

itinerario
이띠네라리오
일정

conocer
꼬노쎄르
만나다

invitar
인비따르
초대하다

disfrutar
디스프루따르
즐기다

juntos(-as)
훈또스(따스)
함께

Día 096
첫인사와 자기소개

어디서 오셨어요?

¿De dónde es?

데 돈데 에스?

저는 한국 사람이에요.

Soy de Corea.

소이 데 꼬레아.

Tip 남한 Corea del Sur 꼬레아 델 수르
북한 Corea del Norte 꼬레아 델 노르떼

멕시코는 처음이에요.
Es mi primera vez en México.
에스 미 쁘리**메**라 베쓰 엔 **메**히꼬.

여행 중이에요.
Estoy de viaje.
에스**또이** 데 **비아**헤.

무슨 일을 하세요?
¿A qué te dedicas?
아 께 떼 데**디**까스?

저는 학생이에요.
Soy estudiante.
소이 에스뚜**디안**떼.

여행으로 며칠 동안 머무를 거예요.
Voy a quedarme unos días por turismo.
보이 아 께**다**르메 **우**노스 **디**아스 뽀르 뚜**리**스모.

현지 분이세요?
¿Eres de aquí?
에레스 데 아**끼**?

이름이 뭐예요?
¿Cómo te llamas?
꼬모 떼 **야**마스?

Día 097

대화 나누기

오늘 날씨 정말 좋네요!

¡Hace muy buen tiempo hoy!

아쎄 무이 부엔 **띠엠**뽀 오이!

여행하기 딱 좋은 날이에요.

Es un día perfecto para viajar.

에스 운 **디**아 뻬르**펙**또 **빠**라 비아**하**르.

다음엔 어디 갈 예정이에요?

¿A dónde vas después?

아 **돈**데 바스 데스뿌**에**스?

내일은 세비야로 가요.

Mañana voy a Sevilla.

마**냐**나 보이 아 세**비**야.

스페인어 잘하시네요!

¡Hablas muy bien español!

아블라스 무이 비엔 에스빠**뇰**!

고마워요, 아직 배우는 중이에요.

Gracias, todavía estoy aprendiendo.

그라씨아스, 또다**비**아 에스**또**이 아쁘렌**디엔**도.

여행 어때요?

¿Qué tal el viaje?

께 딸 엘 **비아**헤?

이곳의 사람들은 정말 친절하네요.

La gente aquí es muy amable.

라 **헨**떼 아**끼** 에스 무이 아**마**블레.

좋은 여행 되세요!

¡Que tengas un buen viaje!

께 **뗑**가스 운 부엔 **비아**헤!

Día 098

연락처 주고받기

연락처를 교환할 수 있을까요?

¿Podemos intercambiar los contactos?

뽀데모스 인떼르깜비아르 로스 꼰딱또스?

좋아요, 제 번호는 여기 있어요.

Perfecto, aquí tienes mi número.

뻬르펙또, 아끼 띠에네스 미 누메로.

인스타그램(Instagram) 아이디가 뭐예요?

¿Cuál es tu cuenta de Instagram?

꾸알 에스 뚜 **꾸엔**따 데 인스따**그람**?

사진 보내 줄게요. 어디로 보내면 될까요?

Te enviaré las fotos. ¿A dónde te las mando?

떼 엔비아**레** 라스 **포**또스. 아 **돈**데 떼 라스 **만**도?

왓츠앱(WhatsApp)으로 부탁해요.

Por WhatsApp, por favor.

뽀르 왓츠**압**. 뽀르 파**보**르.

혹시 사진 올릴 때 태그해도 될까요?

¿Puedo etiquetarte cuando suba la foto?

뿌에도 에띠께**따**르떼 **꽌**도 **수**바 라 **포**또?

여행이 끝나도 계속 연락합시다.

Sigamos en contacto después del viaje.

시**가**모스 엔 꼰**딱**또 데스뿌**에**스 델 **비아**헤.

여행 중에 이런 친구를 만나다니 운이 좋네요.

Tuve suerte de conocerte durante el viaje.

뚜베 **수에**르떼 데 꼬노**쎄**르떼 두**란**떼 엘 **비아**헤.

혹시 나중에 한국에 오면 연락 주세요!

Si algún día vienes a Corea, ¡avísame!

시 알**군** 디아 **비에**네스 아 꼬**레**아. 아**비**사메!

Día 099

문화 소개하기

한국의 수도는 서울이죠?

La capital de Corea es Seúl, ¿verdad?

라 까삐**딸** 데 꼬**레**아 에스 세**울**, 베르**닷**?

맞아요, 서울은 아주 현대적인 도시예요.

Sí, Seúl es una ciudad muy moderna.

시, 세**울** 에스 **우**나 씨우**닷** 무이 모**데**르나.

한글은 배우기 어렵나요?

¿Es difícil aprender el alfabeto coreano?

에스 디**피**씰 아쁘렌**데**르 엘 알파**베**또 꼬레**아**노?

아니요, 한글은 아주 논리적이라 배우기 쉬워요.

No, el hangul es muy lógico y fácil de aprender.

노, 엘 한**글** 에스 무이 **로**히꼬 이 **파**씰 데 아쁘렌**데**르.

Tip '한글' 스페인어 표기법

스페인어로 한국어는 el coreano이고, 한글은 el hangul이라고 주로 씁니다. 한국어 원음에 가까운 el hanguel로 쓰기도 합니다.

한국 음식은 맵다면서요?

Dicen que la comida coreana es picante, ¿verdad?

디쎈 께 라 꼬**미**다 꼬레**아**나 에스 삐**깐**떼, 베르**닷**?

네, 하지만 맛있게 매워요.

Sí, pero es un picante sabroso.

시, **뻬**로 에스 운 삐**깐**떼 사브**로**소.

김치는 한국의 전통적인 발효 음식이에요.

El kimchi es un alimento fermentado tradicional de Corea.

엘 **낌**치 에스 운 알리**멘**또 페르멘**따**도 뜨라디씨오**날** 데 꼬**레**아.

K-pop은 세계적으로 인기가 있어요.

El K-pop es popular a nivel mundial.

엘 케이 뽑 에스 뽀뿔**라**르 아 니**벨** 문디**알**.

"안녕하세요"는 'Hola'예요.

"Annyeonghaseyo" significa 'Hola'.

안녕하세요 시그니**피**까 **올**라.

Día 100
칭찬하기

이 도시 정말 분위기가 멋져요!

¡Esta ciudad tiene un ambiente precioso!

에스따 씨우닷 띠에네 운 암비엔떼 쁘레씨오소!

사진을 정말 잘 찍으시네요.

Tomas fotos muy bonitas.

또마스 포또스 무이 보니따스.

당신의 설명이 정말 이해하기 쉬워요.

Su explicación es muy clara.

수 엑스쁠리까씨**온** 에스 무이 **끌라**라.

길을 친절하게 알려 주셔서 감사해요.

Gracias por explicarme el camino tan amablemente.

그라씨아스 뽀르 엑스쁠리**까**르메 엘 까**미**노 딴 아마블레**멘**떼.

정말 멋진 풍경이에요, 여기 소개해 줘서 고마워요.

Es un paisaje precioso, gracias por mostrármelo.

에스 운 빠이**사**헤 쁘레씨**오**소, **그라**씨아스 뽀르 모스뜨**라**르멜로.

호텔 서비스가 정말 훌륭하네요.

El servicio del hotel es excelente.

엘 세르**비**씨오 델 오**뗄** 에스 엑쎌**렌**떼.

덕분에 함께해서 오늘 정말 즐거웠어요.

Gracias a ti, lo pasé muy bien hoy.

그라씨아스 아 띠, 로 빠**세** 무이 비엔 오이.

가이드님 최고예요.

Usted es el mejor guía.

우스**뗏** 에스 엘 메**호**르 **기**아.

너 진짜 재미있어! / 유머 감각 좋다!

¡Eres muy divertido(-a)!

에레스 무이 디베르**띠**도(다)!

나 ______________ 는

여행스페인어 100일의 기적으로

100일 뒤 반드시

스페인어 초보를 탈출할 것이다.